Sant Kirpal Singh

Karma
Das Rad des Lebens

Sant Kirpal Singh

KARMA

Das Rad des Lebens

bearbeitet von

Soami Divyanand

Divyanand Verlags-GmbH

Sägestr. 37
7881 Herrischried
West Germany

Sant Kirpal Singh

KARMA
Das Rad des Lebens

bearbeitet von

Soami Divyanand

übersetzt von

Anke Kreutzer

Copyright © 1987 Divyanand Verlags-GmbH
Der Titel der im Ruhani Satsang, Delhi erschienenen
englischen Originalausgabe lautet:
Karma – the wheel of life

ISBN 3-926696-01-X

Sant Kirpal Singh Ji Maharaj

*Dem Allmächtigen gewidmet
der durch alle Meister wirkt, die gekommen
sind, und Baba Sawan Singh Ji Maharaj,
zu dessen Lotosfüßen der Autor
das Heilige Naam – das Wort –
aufnahm.*

Inhaltsverzeichnis

Vorwort

Obwohl das Christentum über fast zwei Jahrtausende hinweg die Philosophie des Karma und die damit verbundene Lehre von der Reinkarnation beharrlich geleugnet und aus der ganzen westlichen Kultur verbannt hat, bekennt heute rund die Hälfte all derer, die an die Existenz Gottes glauben, daß sie ein mehrfaches Erdenleben jeder Seele für wahrscheinlich hält. Sogenannte Reinkarnations-Workshops haben sich dieses wachsende Interesse zunutze gemacht, indem sie der Spekulation der Menschen hinsichtlich ihrer früheren Lebensläufe Nahrung geben. Es ist daher notwendiger denn je, daß dieses aktuelle Thema frei von Sensationslust und unseriösen Spekulationen auf eine Weise behandelt wird, welche die Grundlagen der Karma-Theorie in ihrer allgemeinen Gültigkeit und in einer allen verständlichen Sprache untersucht.

Sant Kirpal Singh wird in seinem Werk diesem Anspruch gerecht, indem er die im Osten stets lebendige Lehre auf moderne, dem westlichen Denken angepaßte Weise erläutert. Er räumt gängige Vorurteile aus, wonach der Karma-Lehre etwas Mechanistisches, Grausames anhaftet, das die Menschen an ihrer freien Entfaltung hindert, indem er das Gesetz des Karma als Ausdruck von Gottes Gerechtigkeit vorstellt und weiterhin aufzeigt, wie der Mensch selbst der Schöpfer seines Schicksals ist - vor allem aber, indem er es in den Zusammenhang des Gnadenprinzips stellt.

Soami Divyanand unterstreicht in seinem Aufsatz zum selben Thema die universale Gültigkeit dieses göttlichen Gesetzes und versöhnt östliche und westliche Religion, indem er Aussagen der Veden zum Thema Karma und Erlösung ganz ähnlichen Passagen aus anderen heiligen Schriften, insbesondere der Bibel, gegenüberstellt und sie in so moderner Weise erläutert, daß der westliche Leser sie auch im Einklang mit den Gesetzen der Psychologie finden wird.

Gerlinde Glöckner

I

Täuschet euch nicht; Gott läßt seiner nicht spotten,
denn was ein Mensch sät, das wird er auch ernten.

(Gal. 6, 7)

Wenn sich der Mensch den Verwicklungen des erdgebundenen Lebens gegenübersieht, sucht er verzweifelt nach einem Ausweg. Doch wohin er sich auch wendet, findet er seinen Flug nach oben durch unsichtbare Barrieren versperrt. Warum gibt es all die scheinbaren Ungerechtigkeiten in der Welt? Warum ist dem Menschen der Weg in seine ursprüngliche Heimat - die Heimat seines himmlischen Vaters - verschlossen? Warum kann er sich nicht von der Schuld der im Dunkel liegenden Vergangenheit loskaufen? Wo sollte er nach dem rettenden Licht der 'reinen Wissenschaft des Seins' suchen? Diese Rätsel bringen den fragenden Geist schließlich dazu, das universale Gesetz von Ursache und Wirkung - das Gesetz des Handelns - zu erforschen.

Der Begriff *Karma* begegnet uns überall in den verschiedenen philosophischen und religiösen Schriften Indiens. Tatsächlich ist er inzwischen von Geistlichen wie Laien so zerredet worden, daß viele Menschen heute den Glauben an das Karma für ein eingebildetes Hindernis auf dem Pfad zur spirituellen Erlösung halten. Dieser dem Westen fremde Begriff wurde hierzulande meist ohne die notwendige Erläuterung verbreitet. Alle Meister geringerer Reichweite und Entwicklungsstufen predigen die Befreiung durch wunschloses Handeln, bei dem man sich nicht an dessen Früchte und Ergebnisse bindet. Doch ist dies nicht mehr als eine aus Halbwissen abgeleitete Teilwahrheit.

Der Mensch ist viel zu sehr daran gewöhnt, die Früchte seines Handelns zu genießen, um diese Gewohnheit aufgeben zu können. In be-

1

schränktem Maße mögen *Sadhans* (geistige und körperliche Übungen) dabei helfen, Selbstdisziplin zu erlangen. Es wird sich jedoch herausstellen, daß die tief verwurzelte Neigung des Gemüts, seine Erfahrungen zu genießen, letztendlich die Oberhand behält. Seine weltlichen Neigungen kann der Mensch erst dann aufgeben, wenn ihm eine höhere Freude zuteil wird.

Die Heiligen haben eine Freude von weit höherem Wert erfahren - die Seligkeit oder Entrückung durch die Erfahrung von *Naam* (dem Wort Gottes oder dem göttlichen Tonprinzip). Wenn sich der Geist in diesen Klangstrom vertieft, wird er über die Welt emporgehoben. Das Gemüt hat die Gewohnheit, weltlichen Dingen nachzulaufen und unstet von einer Sache zur nächsten zu springen. Es würde freilich nichts helfen, seinen natürlichen Lauf zu unterbinden. Vielmehr brauchen wir nur seine nach unten in die Äußerlichkeit gerichtete Neigung nach oben in die innere Welt zu lenken. Dies bändigt die umherschweifenden Gemütskräfte, diszipliniert sie und lenkt die geistige Energie in die richtigen Bahnen, wo sie ein Ziel von Dauer und Bestand findet. Eine solche Wandlung wird durch die regelmäßige Übung und Versenkung in *Naam* bewirkt, die einzige Methode, das Gemüt umzuformen und schließlich durch die Veredelung der Geistesströme völlig unter Kontrolle zu bringen. Wenn dies erreicht ist, kommt die Seele zu sich selbst und kann ungehindert und ungestört ihren Weg zurück zu ihrem Ursprung - der Überseele oder Allseele - gehen. So können die Heiligen, die selbst diesen Pfad - den Pfad des *Surat Shabd Yoga* (Versenkung in das heilige Wort oder den Licht- und Klangstrom) - gegangen sind, uns nicht nur befähigen, das karmische Rad von Ursache und Wirkung zu überwinden, sondern uns auch den Zugang zum Reich Gottes erschließen, das im Innern liegt.

Wie können nun aber die *Karmas* abgewickelt bzw. unschädlich gemacht werden? Im Labyrinth der Naturgesetze, wo wir uns unentrinnbar verirrt haben, gibt es eine Öffnung oder einen Ausgang für

2

jene Menschen, die ernsthaft nach Selbsterkenntnis und Gotterkenntnis suchen. Nur die erlösende Gnade des wahren Meisters enthüllt uns diesen Ausweg aus dem dichten, verschlungenen, sich weit
zurück in die unbekannte Vergangenheit erstreckenden Dschungel
von Karmas. Wenn er uns einmal in seine Herde aufgenommen und
uns mit dem ewigen Klangstrom verbunden hat, sind wir dem Zugriff
von *Yama*, dem Todesengel, entronnen, der die negative Seite der
höchsten Kraft verkörpert und im ganzen Universum Gerechtigkeit
austeilt - jeder Seele nach ihren Taten.

Jede gewollte oder ungewollte Handlung eines Menschen bedeutet
Karma, unabhängig davon, ob sie sich noch auf die latente Form im
Gedanken - in der mentalen Schwingung - beschränkt oder sich bereits im gesprochenen Wort und schließlich in der physischen Tat
konkretisiert.

Um Mißverständnisse bezüglich des Wortes *Karma* auszuräumen,
sollte der Begriff im richtigen Zusammenhang gesehen werden. Ursprünglich stand *Karma* für rituelle Opferhandlungen und andere Riten sowie *Yajnas*, wie sie von den heiligen Büchern vorgeschrieben
wurden. Im Laufe der Zeit schloß er jedoch auch alle Arten von Tugenden im Umgang mit den Menschen ein, aber auch solche, die der
Selbstläuterung dienen, wie: Wahrhaftigkeit, Reinheit, Enthaltsam-
keit (Mäßigung), *Ahimsa* (Gewaltlosigkeit), allumfassende Liebe,
selbstloses Dienen und alle von Nächstenliebe geprägten Handlungs-
weisen.

Kurz gesagt wurde die Entfaltung der *Atam-Gunas* großer Wert gelegt, die mithelfen, das Gemüt zu erziehen und die geistigen Kräfte in
die richtigen Bahnen zu lenken, damit der höhere Zweck der Befreiung des *Atman,* des gefangenen Geistes, erreicht werden kann.
Karmas werden gewöhnlich in verbotene, erlaubte und vorgeschriebene eingeteilt.

1. Verbotene: Da es sündhaft ist, erniedrigenden Neigungen nachzugeben und "der Sünde Sold der Tod ist", werden alle herabwürdigenden *(Nashedh)* Karmas zu den verbotenen gezählt; sie heißen *Kukarmas* oder *Vikarmas.*

2. Erlaubte: Karmas, die dem Menschen eine höhere Würde verleihen und ihm dabei helfen, höhere Ebenen wie *Svarag, Bahisht* oder das 'Paradies' zu erreichen, sind *Sukama*-Karmas oder *Sukarmas,* d.h. erlaubte Karmas, da sie der Erfüllung unserer gütigen Wünsche und Bestrebungen dienen.

3. Vorgeschriebene: Von den heiligen Schriften diktierte Karmas, die für Menschen der verschiedenen Gesellschaftsklassen oder für die verschiedenen Lebensabschnitte verbindlich waren, werden *Netya*-Karmas genannt und sind je nach Tätigkeit und Altersstufe für jeden bei seinen alltäglichen Verrichtungen bindend. - Einige dieser Gesellschaftsklassen waren z.B.:

Brahmanen, die mit dem Schrifttum beauftragte Priesterkaste;

die *Kshatryas,* die Kriegerkaste, die mit der Verteidigung betraute Streitmacht;

die *Vaishyas,* die Handel, Handwerk und Landwirtschaft betreibende Kaste;

und schließlich die *Sudras,* die den anderen drei Kasten zu Diensten war.

Und die vier Lebensabschnitte *(Aschramas)* nannten unsere Vorfahren:

Brahmacharys, die den Lehrjahren im Werdegang eines Menschen entsprechen;

Grehastha, die Stufe des Ehe- und Familienlebens;

Vanprastha, der asketische Einsiedler, der sich in der Abgeschiedenheit der Wälder der Meditation hingibt,

und *Sanyas,* die Stufe eines geistlichen Pilger, der die Früchte seiner lebenslangen Erfahrung den Menschen weitergibt.

Jede dieser Stufen wird auf fünfundzwanzig Jahre berechnet, was eine gesamte Lebensdauer von 100 Jahren voraussetzt.

4

Als Richtschnur für eine sittliche Lebensführung stellt das Gesetz des Karma eine wertvolle Hilfe zum materiellen und moralischen Wohlergehen des Menschen auf Erden dar, indem es den Weg zu einem besseren künftigen Leben ebnet. In allen vier Bereichen des menschlichen Lebens spielen Taten oder Karmas eine entscheidende Rolle:

dem weltlichen: *Kama* (Wunscherfüllung)

dem materiellen oder wirtschaftlichen: *Artha* (wirtschaftliches und materielles Wohlergehen)

dem religiösen: *Dharma* (die moralischen und religiösen Grundlagen, die das Universum im Gleichgewicht halten),

und dem spirituellen: *Moksha* (Erlösung)

Natürlich ist die moralische Lauterkeit als Triebkraft für den Erfolg in unseren Bestrebungen von entscheidender Bedeutung. Wenn die Karmas die gewünschte Frucht tragen sollen, ist es wichtig, sie mit ungeteilter, zielstrebiger Aufmerksamkeit und liebender Hingabe zu verrrichten.

Neben diesen Arten von Karmas gibt es noch eine weitere Form, nämlich das *Nish-Kama*-Karma, das heißt Werke, die ohne jeden Wunsch nach ihren Früchten und ohne jegliche Bindung daran ausgeführt werden. Diese Handlungsweise ist allen anderen Karma-Arten, die in mehr oder weniger großem Ausmaß die Ursache für unsere Gebundenheit darstellen, weit überlegen, da sie dazu beiträgt, den Menschen aus der karmischen Befangenheit zu lösen, wenn sie ihn auch nicht vor den karmischen Rückwirkungen bewahren kann. Dabei muß jedoch angemerkt werden, daß Karma für sich genommen nicht die geringste bindende Wirkung hat; nur das Karma, das dem Wunsch oder *Kama* entspringt, führt zur Abhängigkeit. Aus diesem Grunde lehrte Moses: 'Du sollst nicht begehren', und dieselbe Maxime der Wunschlosigkeit finden wir bei Buddha wie auch beim zehnten Guru der Sikhs immer wieder betont. Karma ist daher zugleich Mittel und Ziel aller menschlichen Bestrebungen. Durch Karmas kann man die Karmas überwinden und besiegen, während jeder

Versuch, das Gesetz des Karma zu umgehen, so vergeblich und nutzlos ist wie der Versuch, seinem eigenen Schatten auszuweichen. Die höchste Stufe besteht darin, *Neh-karma* oder *Karma-rehat* zu sein, d.h. Karma als bewußter Mitarbeiter der Gotteskraft in Übereinstimmung mit dem göttlichen Plan zu verrichten. Dies bedeutet, im Tun untätig zu sein, als stiller Punkt im unablässig sich drehenden Rad des Lebens.

Zudem sollte der Begriff Karma von dem des *Karam* unterschieden werden. Karma ist ein Wort aus dem Sanskrit und bedeutet Handlung oder Tat, was geistige Vibrationen wie auch Worte einschließt, wohingegen *Karam* aus dem Persischen stammt und Güte, Barmherzigkeit, Mitleid oder Gnade heißt.

Und nun zum Wesen des Karma: nach der Auffassung der Jain-Lehre ist Karma seiner Natur nach physische als auch feinstofflich-psychische Materie, wobei diese sich zwei Arten als Ursache und Wirkung wechselseitig bedingen. In feinstofflicher oder psychischer Form durchdringt die Materie den ganzen Kosmos. In unserem gewöhlichen Zustand durchdringt sie auch die Seele aufgrund ihres Zusammenspiels mit der äußeren Welt. Auf diese Weise baut sich eine verkörperte Seele wie ein Vogel ihr eigenes Nest und sie wird allmählich in ihrem feinstofflichen, dem *Karman-Srira*-Körper, gefesselt, in dem sie so lange gefangen bleibt, bis das empirische Selbst sich über die Persönlichkeitsgrenzen erhebt und zur reinen, in ihrem eigenen Glanz erstrahlenden Seele wird.

Der *Karman-Srira* oder die karmische Hülle, welche die Seele einschließt, besteht aus acht *Prakritis,* die ihrerseits den acht Arten karmischer Atome mit ihren unterschiedlichen Auswirkungen entsprechen:
  1. Karmas, welche die klare Sicht trüben, wie z.B.
     a) *Darsan-avarna,* die Beeinträchtigung der Wahrnehmung all-

gemein;

b) *Janan avarna,* die Trübung des Verstandes;

c) *Vedaniya,* der Verlust der unserer Seele eigenen inneren Seligkeit und damit die Unterwerfung unter angenehme und schmerzliche Gefühle, und

d) *Mohaniya*-Karmas, welche den rechten Glauben, echte Treue und die wahrhafte Lebensführung beeinträchtigen.

Alle diese Karmas gleichen in ihrer Wirkung einer rauchgeschwärzten Brille, duch die wir die Welt und alles, was uns in ihr begegnet, sehen. Poetisch wurde das Leben mit einer Kuppel aus buntem Glas verglichen, das "die weißen Strahlen der Ewigkeit färbt".

2. Als nächstes gibt es Karmas, die einen Menschen zu dem machen, was er ist, da sie

a) seine physische Gestalt,

b) Alter bzw. Lebensdauer,

c) seine gesellschaftliche Stellung und

d) seine Wesensart

prägen; diese Karma-Arten werden jeweils *Naman, Ayus, Gotra* und *Antraya* genannt. - Darüber hinaus gibt es vielfältige Gruppierungen und Untergruppierungen mit Hunderten von Verzweigungen.

Jede Seele zieht unter dem Einfluß ihrer jeweiligen Aktivität die sich im All ausbreitenden karmischen Partikel an. Diesen beständigen Zustrom von Karma können wir nur eindämmen, wenn sich unser Selbst jeglicher Tätigkeit des Körpers, der Sinneswahrnehmung und des Gemüts enthält und sich in seinem innersten Zentrum festigt. Die bereits angehäuften Karmas können durch Fasten und andere Übungen verringert werden wie: *Tapas* (strenge Bußübungen), *Saudhyaya* (das Lesen heiliger Schriften), *Vairagya* (Loslösung), *Prashchit* (Reue), *Dhyan* (Meditation) und dergleichen mehr.

Auch Buddha legte besonderen Wert auf unermüdlichen Eifer und

Kampf, um letztendlich das Gesetz des Karmas zu besiegen. Die Gegenwart mag durch die Vergangenheit vorbestimmt sein; die Zukunft liegt jedoch in unserer Hand und wird vom lenkenden Willen jedes einzelnen gestaltet. Die Zeit ist ein unendlicher Vorgang, in dem die Vergangenheit unaufhaltsam in die Gegenwart überleitet und diese Gegenwart unerbittlich in die Zukunft hineinwirkt- ob wir es wollen oder nicht. Der Einfluß des Karma erlischt erst, wenn der Mensch den höchsten Geisteszustand erreicht hat, der ihn über den Bereich von Gut und Böse hinaushebt. Wo dieses Ideal verwirklicht ist, endet der Kampf, denn alles, was ein befreiter Mensch tut, geschieht ohne Bindung. Das sich unaufhörlich drehende Rad des Lebens bezieht seine Antriebskraft von der karmischen Energie, und wenn diese sich erschöpft, steht das gigantische Lebensrad still. Dann ist der Schnittpunkt von Zeit und Ewigkeit erreicht, jener Punkt, der stets bewegt und doch im Zentrum bewegungslos ist. Karma birgt den Schlüssel zum gesamten Lebensablauf, und Stufe um Stufe erhebt sich der Strebende auf der inneren Reise, bis er ein wirklich erwachtes Wesen oder ein Buddha geworden ist - ein Erleuchteter oder Seher des heiligen Lichts. Für Buddha war das Universum keineswegs ein bloßer Mechanismus, sondern ein *Dharma-Kaya*, ein Organismus, in dem das *Dharma* oder Lebensprinzip pulsiert, das ihm zugleich als wichtigste tragende Kraft dient.

Das Gesetz des Karma ist also ein beharrliches, unerbittliches Gesetz, von dem es für keinen ein Entrinnen gibt. 'Wie du säst, so wirst du ernten', ist eine uralte, unumstößliche Wahrheit, die das gesamte irdische Leben beherrscht und darüber hinaus auch bis in einige der höheren physisch-materiell-spirituellen Regionen hineinreicht - entsprechend der jeweils vorherrschenden Dichte und Eigenheit. Karma ist ein gewaltiges Gesetz, das über Götter und Menschen herrscht, denn auch erstere fallen früher oder später unter seinen Einfluß. Die verschiedenen Götter und Göttinnen der unterschiedlichen Regionen des Universums dienen in ihren jeweiligen himmlischen Sphären über

8

viel längere Zeiträume als der Mensch, und doch müssen sie sich schließlich am Ende wieder in Fleisch und Blut inkarnieren, um die endgültige Erlösung vom karmischen Kreislauf der Wiedergeburten zu erlangen.

Alle Werke, Taten oder Handlungen erfüllen im göttlichen Plan die wesentliche Aufgabe, alle Abläufe im Kosmos in vollkommenem Gleichgewicht zu halten. Niemand kann auch nur für einen Augenblick ohne jede physische oder geistige Aktivität sein. Stets denkt man das eine oder tut das andere. Die Natur hat es so eingerichtet, daß das Gemüt nicht leer oder untätig verharren kann, genauso wenig, wie die Sinne an ihren unwillkürlichen Funktionen gehindert werden können: die Augen können nicht anders als sehen und die Ohren nicht anders als hören; und das Schlimmste ist, daß man nicht wie Penelope ungeschehen machen kann, was einmal geschehen ist. Reue ist gut, aber sie kann Vergangenes nicht zurücknehmen. Alles, was wir denken, sagen oder tun, ob gut oder schlecht, hinterläßt einen tiefen Eindruck im Gemüt, und die Summe dieser unauslöschlichen Eindrücke entscheidet über unser Glück oder Unglück. Der Mensch spricht aus der Fülle seines Herzens. Gemäß dem Naturgesetz von Ursache und Wirkung zieht jede Tat eine entsprechende Reaktion nach sich. Wir müssen daher wohl oder übel die Früchte unseres Handelns ernten: süß oder bitter, je nach der gelegten Saat.

Gibt es demnach keinen Ausweg aus diesem Dilemma? Kann man wirklich nichts gegen diese Zwänge tun? Ist der Mensch ein bloßer Spielball des Schicksals? Geht er nur einen bei jedem Schritt vorgezeichneten Weg? Die Sache hat zwei Seiten. Bis zu einem gewissen Ausmaß haben wir einen freien Willen, mit dessen Hilfe wir nach Belieben unseren Kurs selbst bestimmen, unser künftiges Geschick gut oder schlecht gestalten und sogar die Gegenwart bis zu einem bestimmten Grad günstig beeinflussen können. Aber wenn seine Seele, die vom selben Wesen ist wie ihr Schöpfer, zum Leben erwacht, wird der Mensch stärker als das Karma. Das Unendliche in ihm kann ihm dabei helfen, die Begrenzungen des Endlichen zu überwinden. Die Freiheit im Handeln und die karmische Gebundenheit sind nur zwei Aspekte des Wirklichen in ihm. In Wahrheit ist nur der mit der Materie verhaftete Teil seiner Persönlichkeit den Beschränkungen des Karma unterworfen, während der wahre, bewußte Geist in ihm alles übersteigt und von der karmischen Last nahezu unberührt bleibt, sofern er in dem ihm innewohnenden göttlichen Wesen ruht. Wie kann man in seiner eigenen Seele begründet sein? Dies ist die Aufgabe, die wir unbedingt lösen müssen, wenn wir einen Ausweg aus dem endlosen karmischen Netz finden wollen.

Die meisten von uns haben das Problem unbedachtzu handeln. Bei jedem Schritt häufen wir immer weitere karmische Partikel an, ohne uns der Macht im Innern bewußt zu werden, die alles, was wir denken, sagen oder tun, genau registriert. Der berühmte Denker Thomas Carlyle sagt darüber: 'Glaubst du, Narr, daß dein Geschwätz vergeht und begraben wird, nur weil kein Boswell (berühmter Biograph) da ist, um es aufzuschreiben? Jedes noch so belanglose Wort, das du aussprichst, ist eine Saat, die in die Zeit gesät ist und bis in alle Ewigkeit Frucht trägt'. Ähnlich sagt auch Aischylos, der Vater des antiken griechischen Dramas:

Tief in der unteren Welt
Lenkt der Tod
Die Geschicke des Menschen
Mit strenger und unerbittlicher Hand;

Des Todes wachsamem Auge
Und seines Herzens Bericht
Entzog sich noch keiner
Durch Macht oder Werke.

Aus den Eumeniden

II

Die Karmas wurden von den Heiligen in drei verschiedene Kategorien eingeteilt:

1. *Sanchit:* Die angesammelten und gespeicherten Karmas, die weit in die Inkarnationen der unbekannten Vergangenheit zurückreichen.

2. *Pralabdha:* Zufall, Schicksal oder Vorsehung, d.h. jener die lebendige Gegenwart eines Menschen bildende Teil des Sanchit-Speichers), dem sich niemand entziehen kann, wie sehr er es auch versuchen mag.

3. *Kriyaman:* Die aus freiem Antrieb in der gegenwärtigen irdischen Lebensspanne oder Existenz verrichteten Karmas, mit denen wir über unser künftiges Glück oder Unglück entscheiden.

1. *Sanchit* (die gespeicherten Handlungen):
Alle guten oder schlechten Taten, die dem Menschen als Ertrag aus allen vorherigen Lebensläufen zu Buche stehen, sind darin enthalten - seit Urbeginn der lebendigen Schöpfung auf Erden. Der Mensch hat keine Vorstellung davon, und er ahnt nichts von ihrem Ausmaß noch von ihrer Macht. Als König Dharatrashtra, der blinde Ahnherr der Kshatriya-Prinzen (der Kurvas des epischen Zeitalters), von Krishna mit seiner Seherkraft ausgestattet wurde, konnte er die Ursache seiner Blindheit bis zu einer Tat aus der Vergangenheit verfolgen, die mehr als hundert Inkarnationen oder Verkörperungen zurücklag. In Kapitel 20, Vers 5 des II. Buches Mose, gibt Moses bei der Verkündigung der zehn Gebote diese Botschaft Gottes weiter: 'Ich, der Herr, dein Gott, bin ein eifriger Gott, der da heimsucht der Väter Missetat an den Kindern bis in das dritte und vierte Glied....'.

2. *Pralabdha:*

Diese bestehen aus genau jenem Teil der Sanchit-Karmas, die eines Menschen Schicksal, Bestimmung oder Los bilden - die über seine gegenwärtige Existenz auf Erden entscheiden und auf die der Mensch keinen Einfluß hat. Ihre Auswirkung, ob günstig oder schlecht, muß weinend oder lachend und, so gut man es vermag, erduldet werden. Das gegenwärtige Leben ist im wesentlichen eine Enthüllung der vorherbestimmten Karmas, mit denen ein jeder diese Welt betritt. Durch die Führung einer Meisterseele können wir unser inneres Selbst jedoch so umformen und entfalten, daß wir ihren bitteren Geschmack und ihren scharfen Stachel nicht mehr empfinden, ähnlich wie der Kern einer reifen Mandel oder Walnuß sich vor einem Nadelstich schützt, indem er sich von der äußeren Schale löst, wodurch diese zusammenschrumpft, hart wird und so als Schutzpanzer dient.

So sehen wir, wie durch Karma oder Handeln jeder von uns, gewollt oder ungewollt, bewußt oder unversehens, sich selbst Ketten schmiedet, seien sie aus Gold oder aus Eisen; Ketten sind Ketten, und sie erfüllen gleichermaßen ihren Zweck, die Menschen unentrinnbar gefangen zu halten. So wie eine arme Seidenraupe in ihrem eigenen Kokon gefangen ist oder eine Spinne in ihrem eigenen Netz und ein Vogel in seinem Nest, so bleibt man in den selbstgeschmiedeten Stahlringen festgekettet, ohne Hoffnung auf Entkommen. Auf diese Weise wird das Rad von Geburt, Tod und Wiedergeburt unaufhörlich angetrieben. Nur wenn man das Körperbewußtsein übersteigt und gleich dem stillen Punkt im Zentrum des endlos kreisenden Lebensrades *Neh-karma* wird, d.h. untätig im Tun, kann das gigantische Rad der Karmas zum Stillstand kommen, denn das macht uns zu einem bewußten Mitarbeiter am göttlichen Plan. Deshalb riet Buddha, der Prinz unter den Asketen, so nachdrücklich: 'Seid wunschlos!' Nur die Wünsche sind die Wurzel menschlichen Leids: sie treiben uns erst durch subtile Schwingungen im Unterbewußtsein zu Taten an, dann durch zielgerichtetes Denken im Bewußtsein, was schließlich zu der schier unübersehbaren Ernte vielgestaltigen, buntgemischten Handelns führt, das dem unausgeglichenen Gemüt entspringt. So wird der im Streitwagen des Körpers sitzende Geist von den fünf mächtigen Rossen der Sinne blindlings und Hals über Kopf in das weite Feld der Sinnesreize gezogen, ungezähmt durch den machtberauschten Wagenlenker Gemüt in seiner hilflosen Unstetigkeit, der die Zügel des Verstandes schleifen läßt. *Selbstdisziplin* ist daher von vorrangiger Bedeutung, und Reinheit in Gedanken, Worten und Taten ist die wesentliche Voraussetzung, die einem Menschen auf dem Pfad der Selbsterkenntnis und Gotterkenntnis weiterhilft, denn eine ethische Lebensweise ist der Wegbereiter zur Spiritualität.

3. *Kriyaman:*
Dies ist der laufende Bericht der mit dem freien Willen ausgeführten Handlungen im gegenwärtigen Leben. Diese Art Karma unterscheidet sich grundsätzlich von den beiden anderen. Unbeschadet der Beschränkungen, die das **Pralabdh** oder unabänderliche Schicksal jedem auferlegt, sind wir dennoch mit einem freien Willen ausgestattet und können daher wählen, welche Saaten wir aussäen wollen. Mit Hilfe der Unterscheidungskraft, die allein uns Menschen vorbehalten ist, können wir selbst beurteilen, was richtig und was falsch ist, und daher wäre es töricht, wollten wir auf Rosen gebettet werden, nachdem wir Disteln säten. Es steht uns frei, nach eigenem Ermessen die Saaten für unser künftiges Glück oder Unglück zu legen. Eine Meisterseele kann uns den rechten Leitfaden in die Hand geben, indem sie uns die wahren Werte des Lebens vor Augen hält - eines Lebens, das mehr ist als das physische Gewand und die ganze sinnenbeherrschte Existenz, die damit verbunden ist. Unter der Führung eines solchen Meisters entwickeln wir leicht eine von der Welt und von irdischen Angelegenheiten losgelöste Haltung, und wenn der magische Bann erst einmal gebrochen ist, fällt es uns wie Schuppen von den Augen, und wir erblicken die unverstellte Wirklichkeit. Darin liegt die Chance, diesem Spiel unbeschadet zu entkommen. Gewöhnlich

jedoch trägt ein Teil der *Kriyaman*-Karmas bereits in diesem Leben Frucht, während der Rest dem allgemeinen Konto der *Sanchit*-Karmas belastet wird, die sich über Zeitalter hinweg unaufhörlich vermehren. So ist es jedem selbst anheimgestellt, vorauszuschauen und die Folgen seines beabsichtigten Handelns sorgfältig abzuwägen, bevor er einen verhängnisvollen, nicht wiedergutzumachenden Schritt unternimmt. Ein Sprung ins Dunkle, ein unbesonnenes Vorwärtspreschen in einem Augenblick, da man seiner selbst nicht Herr ist, mag für immer bereut und kann doch nicht ungeschehen gemacht werden, und es nützt auch nichts, ihn dem angeblich unheilvollen Einfluß der Sterne zuzuschreiben. Ein Eisenbahningenieur zum Beispiel muß vorher planen, wie er den Schienenstrang verlegen will, denn hinterher wird der Zug seinem Verlauf blindlings folgen. Ein geringfügiger Fehler beim Verlegen der Schienen, eine lose Schienenlasche oder ein falscher Winkel kann verheerende Folgen haben. Selbst nachdem alles ordnungsgemäß fertiggestellt wurde, muß man Tag und Nacht beständig streng darüber wachen, daß nichts aus den Fugen gerät oder von feindlicher Seite mutwillig beschädigt wird. Dem Naturgesetz des Lebens zufolge ist der Mensch (die verkörperte oder inkarnierte Seele) wie ein kostbares Juwel in drei verschiedene Kassetten oder Körper eingeschlossen - den physischen, den astralen oder mentalen und den kausalen oder Saatkörper, die alle mehr oder weniger, je nach dem Grad ihrer Dichte, an seinem irdischen Wesen teilhaben.

> Und es sind himmlische Körper und irdische Körper. Aber eine andere Herrlichkeit haben die himmlischen und eine andere die irdischen!
>
> 1. Kor. 15, 40

Sie sind der äußeren Kleidung mit Rock, Weste und Hemd vergleichbar. Wenn ein Mensch den physischen Körper ablegt, trägt seine Seele immer noch den astralen oder den mentalen Körper; und unter dem astralen Gewand legt sich noch der kausale oder der ätherische Saatkörper wie ein dünner Schleier um den Geist. Solange er nicht gelernt hat, den physischen Körper abzulegen, kann er nicht in den ersten Himmel, das Astralreich im Innern, gelangen:

> Das sage ich aber, liebe Brüder, daß Fleisch und Blut nicht können das Reich Gottes ererben; auch wird das Verwesliche nicht erben das Unverwesliche. Denn dies Verwesliche muß anziehen die Unverweslichkeit... dann wird erfüllt werden das Wort, das geschrieben steht: Der Tod ist verschlungen inden Sieg; Tod, wo ist dein Stachel? Hölle, wo ist dein Sieg?
>
> 1. Kor. 15; 50, 53-55

Das physische Kleid müssen wir auf jeden Fall bei der letzten Auflösung, dem gemeinhin als Tod bekannten Zerfall ablegen, wir können es aber auch freiwillig vorübergehend verlassen, indem wir die Sinnesströme vom Körper zurückziehen. Das wird als 'sich über das Körperbewußtsein erheben' bezeichnet und durch einen Vorgang der Innenschau und Selbstanalyse errreicht. Die Evangelien beschreiben dieses Zurückziehen als 'von neuem geboren werden' oder Erlösung. Die Hindu-Schriften nennen es 'zum zweitenmal geboren werden ' oder *Do-janma*. Es ist eine Geburt aus dem Geist, die sich von der aus Wasser grundlegend unterscheidet, ist doch die erstere aus 'unverweslicher Saat,' d.h. unwandelbar und ewig, und die letztere aus 'verweslicher Saat'. Die Moslem-*Darveshs* (Mystiker) nennen diesen Tod im Leben auch 'Tod vor dem Tod'. Nun kann man nicht nur lernen, sich vom physischen Körper zurückzuziehen, sondern - mit dem gütigen Beistand eines Meister-Heiligen, der sich selbst ins Jenseits erhoben hat und anderen dabei hilft - auch von den übrigen zwei Körpern, dem astralen und dem kausalen. Man muß 'dem Fleisch um des Geistes willen entsagen', wenn man dem ewigen Rad des irdischen Lebens entkommen will.

Im gewöhnlichen, natürlichen Lauf der Dinge hat der *Jiva* (die verkörperte Seele oder der inkarnierte Geist) nach dem physischen Tod keine andere Wahl, als zu gegebener Zeit wieder in physischer Gestalt auf die physische Ebene zurückzukehren. Diese Gestalt formt sich nach den Anlagen und Neigungen, der Stärke seiner Sehnsucht und langgehegten, unerfüllten Wünsche, die sein innerstes Wesen durchdringen, in der Todesstunde an die Oberfläche gelangen und so unweigerlich den weiteren Weg der Seele vorzeichnen.

So gütig und freigiebig ist der göttliche Vater, daß er seinen Kindern alles gewährt, was sie sich wünschen.

Wenn uns jedoch ein vollendeter Meister führt und uns die praktische Selbstanalyse lehrt, d.h. das willentliche Zurückziehen vom physischen Körper, das wir dann durch regelmäßige Übung weiterentwickeln, erlangen wir noch während des Lebens eine Erfahrung vom Jenseits (Tod im Leben).
So kann nach und nach die in endlosen Zeitaltern entstandene Selbsttäuschung von uns abfallen, und die Welt mit ihren Reizen verliert ihren hypnotischen Zauber. Sobald wir die Welt in ihrem wahren Licht sehen und den wirklichen Wert aller Dinge durchschauen, werden wir wunschlos und frei - wir haben uns selbst gemeistert, haben unsere Seele befreit *(Jivan Mukat).* So leben wir von nun an nur noch weiter, um ohne Bindungen die uns zugeteilte Lebensspanne zu vollenden. Dies ist als 'von neuem geboren werden' oder als die 'Wiederkunft der Seele' - das ewige Leben - bekannt. Wie aber können wir das erreichen?
Christus sagt uns:
Und wer nicht sein Kreuz auf sich nimmt und folgt mir nach, der ist meiner nicht wert. Wer sein Leben findet, der wird's verlieren; und wer sein Leben verliert um meinetwillen, der wird's finden.

Matth. 10, 38 - 39

16

Und ähnlich im Lukas-Evangelium:

> Da sprach er (Jesus) zu ihnen allen: Wer mir folgen will, der verleugne sich selbst und nehme sein Kreuz auf sich täglich und folge mir nach.
>
> Lukas 9, 23

> Und wer nicht sein Kreuz trägt und mir nachfolgt, der kann nicht mein Jünger sein.
>
> Lukas 14, 27

So sehen wir, daß der Tod in Christus der Weg ist, um ewig in Christus zu leben. 'Lerne zu sterben, damit du zu leben beginnst', ist der Appell aller Heiligen. Die Moslems nennen es *Fana-fi-sheikh* oder Selbstauslöschung im Murshid oder Meister. Es ist daher von größter Bedeutung, zuerst einen lebenden Meister zu finden, der die Fähigkeit besitzt, den ansonsten endlosen Zyklus der Karmas abzuschließen. Wenn wir einen solchen Meister gefunden haben, sollten wir zu seinen Füßen Zuflucht nehmen und uns dadurch vom verderblichen Einfluß der eigenen Taten befreien, die uns andernfalls wie Eumeniden und Furien weiter heimsuchen.

Von der Fähigkeit des *Jagat-Guru* heißt es:

> Ein *Jagat-Guru* kann die Karmas durch einen Blick und ein Wort unschädlich machen, in seiner Gegenwart verfliegen die Karmas wie Herbstlaub im Wind.

Und:

> Groß ist die Macht des Engels der Vergeltung,
> Und keiner kann sich seinem Zorn entziehen,
> Aber er flieht voller Todesfurcht,
> Wenn *das Wort* erschallt.

Um das Wirken des karmischen Gesetzes besser zu verstehen, mag das folgende Beispiel uns die Dinge ein wenig veranschaulichen:

Nehmen wir zwei Sorten von Weinbeer-Samen - gelbe und braune. Die gelben Samen stellen die guten Taten und die braunen die schlechten dar. Nun ist ein Raum bis unter die Decke mit diesen Samen gefüllt, auf der einen Seite die gelben, auf der andern die braunen. Dies stellt den Speicher mit *Sanchit-Karmas* dar, den ein Mensch in sich trägt.

Nun haben wir einen Mann (physischer Körper plus Gemüt plus Seele), der sich schon lange gewünscht hat, König zu werden. Er wird krank, und dieser unerfüllte Wunsch steht weiterhin die ganze Zeit an erster Stelle in seinem Herzen. Schließlich zwingt ihn die Natur, seinen physischen Körper aufzugeben, aber gemäß dem Gesetz des Lebens nach dem Tode trägt er immer noch den astralen (mentalen) und den kausalen (ätherischen) Körper. Er wirkt nunmehr als entkörperter oder nicht inkarnierter Geist in einem anderen Gewand - dem astralen wie kausalen Gemütsstoff. Da das Gemüt der Speicher aller Eindrücke ist, erinnert er sich immer noch an seinen Wunsch, König zu werden. Als unverkörperter Geist sieht er sich nun aber in einer schwierigen Lage. Er kann nicht König werden, solange er nicht wieder ein physisches Gewand anlegt, das ihm seinen Wunsch früher oder später in einem neuen Leben erfüllt. Von der unbeirrbaren motorischen Kraft hinter allen Aktivitäten - seinem Gemütsstoff - beflügelt, wird er dahin getrieben, einige der noch nicht aufgegangenen Karma-Saaten aufzunehmen; sie reichen aus, ihn in Umstände zu stellen, die ihm bei der Verwirklichung der langgehegten und tief eingeprägten Wunschvorstellung helfen. Die große motorische Kraft, auf die oben verwiesen wird, umfaßt zwei Aspekte: einen positiven und einen negativen. Der positive führt die Seele zu ihrem Ursprung zurück, und der letztere beherrscht das Leben auf der Erde. Die Natur oder der negative Aspekt dieser in Wahrheit allumfassenden

18

Kraft ist ausschließlich für die Abwicklung des Lebens auf dem physischen Planeten zuständig; ihre wichtigste Funktion besteht darin, die Welt in Gang zu halten, ihr eine ausreichende Bevölkerung zu sichern und die Menschen mit verschiedenen Bestrebungen geschäftig zu halten - wobei letztere dem Verdienst oder dem *Pralabdha* entsprechen müssen, um das irdische Leben jedes einzelnen mit absoluter Präzision und unfehlbarer Sicherheit zu gestalten.

In dem oben beschriebenen Ausmaß stecken wir in einer Falle und können nicht anders, als jenes Buch aufzuschlagen, das uns verschlossen mitgegeben wurde. Darin wird uns die verborgene Vergangenheit enthüllt, die im Grunde des Gemütsstoffs ruht und mit ihren schillernden Mustern, Farben und immer neuen Linien auf die Leinwand des Lebens projiziert wird. Je mehr wir uns in dieser Kuppel aus farbigem Glas verlieren, die uns im Lauf der Zeit immer dichter einschließt und bedrängt, verlieren wir jene reine und ewige Strahlung aus den Augen, die ursprünglich das Leben hervorbrachte. Mutter Natur nimmt sich nun ihres Pflegekindes an und überhäuft es so sehr mit ihren Gaben, nach denen es in der Vergangenheit großes Verlangen hatte, daß es diese, ohne sich darüber im klaren zu sein, in Fülle und bis zum Überdruß genießt. Davon ganz geblendet, vergißt es den großen Wohltäter und Spender und verfängt sich in den Maschen des Todes.

Dies ist indes nur ein Teil des Lebens, das man wie ein Schachspiel mit festgelegten Zügen führen muß. Es gibt aber noch jenen anderen Teil, der vom Handlungsspielraum und der Entscheidungsfreiheit abhängt, die dem einzelnen gegeben ist. Der Schlüssel zur Erlösung hier und jetzt liegt im richtigen Verständnis für die höheren Werte des Lebens und in der Fähigkeit, die uns gebotenen Möglichkeiten aufs beste zu nutzen. Wir sind also paradoxerweise nicht nur ein Geschöpf des Schicksals, sondern zugleich dessen Schöpfer (hinsichtlich der Zukunft). Was wir mitbringen, muß sich erfüllen, und was wir jetzt tun, wird die künftigen Dinge formen. Klug ist deshalb, wer die richtige Wahl trifft. Die Gemütskraft ist eine einheitliche Kraft und kann sich wie ein guter Diener bestens bewähren, wenn sie nutzbringend eingesetzt wird; wenn ihr jedoch gestattet wird, sich des lebensspendenden Geistes zu bemächtigen, erweist sie sich als ein verräterischer Schmarotzer, der den Lebenssaft der Wirtspflanze aussaugt, auf der er gedeiht und von der er lebt, bis sie völlig in sich zusammenschrumpft. So müssen wir auf die richtige Saat und Pflege achten, während wir unsere vorherbestimmte Rolle im Drama des menschlichen Lebens spielen - im Licht der ewigen Strahlung, die alles durchdringt - ob wir es wissen oder nicht. Der Wille des Höchsten ist bereits in unser Lebensmuster eingewoben, denn ohne ihn gibt es keine Existenz. Wer diesen Willen kennt und in Einklang mit ihm handelt, kann dem Rad des Lebens entrinnen. Guru Nanak spricht im *Jap Ji* folgendermaßen darüber:

> Wie kann man die Wahrheit erkennen und durch die Wolke der Falschheit hindurchbrechen? Es gibt einen Weg, o Nanak, indem wir uns Seinen Willen zu eigen machen, der bereits in unserem Dasein wirkt.

Wir sehen also, daß Karmas und Wünsche für den unaufhörlichen Kreislauf von Geburten und Wiedergeburten verantwortlich sind. Wie können wir dann diesen schier endlosen Zyklus zum Stillstand bringen? Es gibt nur zwei Wege, den gewaltigen, unbegrenzten Karma-Speicher zu erschöpfen oder auszulöschen, die undurchdringliche Granitmauer zwischen Mensch und Gott zu durchbrechen, die unser unwissendes Gemüts nicht sehen kann. Die zwei Möglichkeiten, dieses sich uns stets entziehende, faszinierende Problem in den Griff zu bekommen, sind:

a) es der Natur zu überlassen, den Speicher im Lauf der Zeit zu erschöpfen, falls das je gelingen sollte.

b) von einer Meisterseele praktisches Wissen und eine direkte Erfahrung von der Wissenschaft des Lebens auf der irdischen wie auf der spirituellen Ebene zu erhalten und sich bereits hier und jetzt auf das Hinübergehen von der einen zur anderen Seite vorzubereiten.

Der erste Weg ist nicht nur unendlich lang, sondern auch überaus heimtückisch, bei jedem Schritt voller Gefahren und Fallgruben. Vorausgesetzt, daß überhaupt eine Aussicht besteht, würde es Myriaden von Zeitaltern in Anspruch nehmen, um das Ziel zu erreichen. Im übrigen leistet uns die Natur keinerlei Hilfe beim Versuch, uns aus der unerbittlichen karmischen Ordnung zu lösen, da dies der Auslöschung ihrer selbst wie auch ihrer Geschöpfe gleichkäme.

Die menschliche Geburt ist in der Tat ein seltenes Vorrecht, das wir erst erhalten, nachdem wir in der Schöpfung einen langen Entwicklungsprozeß durchlaufen haben, der unzählige Geburten in zahllosen Arten oder Verkörperungen einschließlich der physischen umfaßt. Wenn diese goldene Gelegenheit verloren ist, bleibt der verkörperte Geist entsprechend den während seiner Lebensspanne vorherrschenden weltlichen Charakterzügen weiter an das Rad des Lebens geketted, wobei jene, die vor dem Verlassen dieser Welt ganz von ihm Besitz ergreifen, eine besondere Rolle spielen. Das Gesetz lautet: 'Wo das Gemüt ist, dahin geht unweigerlich auch der Geist'. Aus diesem Grunde gibt es für die durchschnittliche verkörperte Seele kaum eine Möglichkeit, sich über diese Seinsebene zu erheben, das Gemüt aus eigener Kraft ohne Führung und Hilfe zur Ruhe zu bringen und sich zu versenken, welche herkulischen Anstrengungen sie darauf auch verwenden mag. Nur ein Gottmensch oder die Meisterkraft kann uns aus Barmherzigkeit dabei helfen, das verlorene spirituelle Reich - aus dem jeder einzelne durch seinen Ungehorsam gegenüber Gottes Gesetz vertrieben wurde - wiederzuerlangen. Dieser Weg ist von unvorstellbaren Gefahren übersät, die auf Schritt und Tritt, sogar im individuellen Charakter jedes einzelnen, lauern; daher wird kein vernünftiger Mensch je versuchen, diesen beschwerlichen Pfad allein zu gehen, was in der Regel nur in eine Sackgasse führen würde.

Wenn wir den zweiten Weg einschlagen, suchen wir zuerst einen kompetenten spirituellen Meister, dessen Einfluß sich über alle untergeordneten Kräfte auf dieser und den höheren Seinsebenen erstreckt. Er kann die karmischen Schulden der bankrotten Seele begleichen. Von demMoment an, da er einen Menschen in seine Schar aufnimmt, übernimmt er es auch, die endlose Abfolge der aus der unbekannten Vergangenheit aufsteigenden Karmas abzuwickeln. Er gebietet unserer leichtfertigen Lebensweise Einhalt. 'Bis hierher und nicht weiter', lautet sein Gebot, und danach stellt er uns auf den direkten Weg zurück zu Gott. Gewöhnlich greift er in das *Pralabdh* oder Schicksal nicht ein, denn es muß wohl oder übel abgetragen werden, um die uns zugewiesene Lebensspanne zu vollenden und ihre Früchte zu ernten, während das *Sanchit* oder der gewaltige Speicher dadurch verbrannt wird, daß der Meister, der ein bewußter Mitgestalter des göttlichen Plans ist, unsere Seele mit dem Funken von *Naam* verbindet. Die Vereinigung mit Naam oder dem heiligen Wort läßt die Summe aller Sanchit-Karmas wie auch die Kriyaman-Karmas aus dem bisherigen Leben, deren Früchte wir noch nicht ernten mußten, in Flammen aufgehen, so wie ein Funken Feuer genügt, um einen ganzen Wald in Asche zu legen. Guru Nanak erzählt im *Pauri* des *Jap Ji* , dem Morgengebet der Sikhs (Strophe 20), auf eindringliche Weise:

Wenn Hände, Füße und Körper schmutzig sind,
Werden sie mit Wasser rein gewaschen.
Wenn die Kleider beschmutzt und fleckig sind,
Werden sie mit Seife gereinigt.
Ist das Gemüt durch die Sünden unrein geworden,
Kann es durch die Verbindung mit dem Wort
wieder sauber werden.

22

Durch Worte allein werden die Menschen nicht
zu Heiligen oder Sündern,
Sondern durch ihre Taten, die sie mit sich tragen,
Wohin sie sich auch wenden.
Wie man sät, so erntet man.
O Nanak, die Menschen kommen und gehen auf dem Rad
Der Geburten und Tode nach seinem Willen.

Daraus wird deutlich, daß das Gemüt der entscheidende Magnet ist,
der die Karmas mit all ihren Begleiterscheinungen an sich zieht. Das
Gemüt übt eine gewaltige Anziehungskraft auf den Menschen aus. Es
macht sich unseren *Surat* (die Aufmerksamkeit, den äußeren Ausdruck der Seele) zunutze, das Wertvollste, was der Mensch besitzt,
das eigentlich Wesentliche an ihm.

Die Meister-Heiligen kommen mit einer göttlichen Absicht und Sen-
dung in die Welt. Sie sind von oben beauftragt, uns aus der karmischen Gebundenheit zu befreien. Wenn wir das Glück haben, einen
solchen Heiligen zu finden und uns seinem Willen zu ergeben, nimmt
er uns in seine Obhut. Seine erste und wichtigste Aufgabe liegt darin,
den magischen Bann der tödlichen Karmas zu brechen. Er rät allen,
ein wohlgeordnetes, sehr diszipliniertes, ethisches Leben zu führen,
das uns davor bewahrt, weiter schädliche Einflüsse oder karmische
Eindrücke aufzunehmen und anzuhäufen. Er erklärt uns, daß die
Gaben der Natur einschließlich der Sinnesgegenstände nur für einen
rechtmäßigen und fairen Gebrauch und nicht für den zügellosen Genuß bestimmt sind. Unser Leid erwächst daraus, daß wir uns bis zum
Überdruß in die Gemütsfreuden stürzen, bis schließlich nicht mehr
wir in irdischen Genüssen schwelgen, sondern im Gegenteil sie uns
völlig beherrschen und physisch und geistig ausgelaugt zurücklassen.
Wir vergessen, daß wahres Glück eine geistige Haltung ist und von
innen her kommt; daß wir bewußt den in uns schlummernden Lebensstrom (das Heilige Wort) erwecken und unserem Selbst oder dem

'Lebensprinzip' Nahrung geben müssen, denn diese allgegenwärtige, motorische Kraft, die das ganze Universum erhält, wohnt der ganzen sichtbaren und unsichtbaren Schöpfung inne. Die Vergangenheit, die Gegenwart und die Zukunft liegen in der mächtigen Hand des Gottmenschen; und wie ein liebevoller Vater führt er seine Kinder auf dem Pfad der Rechtschaffenheit, der allmählich zur Selbsterkenntnis und Gotterkenntnis führt, bis sie endlich eins mit Gott werden. So wie ein Kind nichts davon weiß, wie gut sein Vater für sein Wohl sorgt, so weiß auch ein Anfänger auf dem Pfad nicht, was sein himmlischer Vater für ihn tut. Nur indem wir immer mehr "auf seinen Wegen wandeln", gewinnen wir nach und nach Einblick in die esoterischen Mysterien, die sich uns Stufe um Stufe enthüllen.

Du arme Seele in diesem Fleisch, was weißt du schon?
Zu beschränkt und elend bist du,
Auch nur dich selber zu verstehn.

John Donne

III

Die Art, wie der Meister das verwickelte Problem der Karmas behandelt, läßt sich kurz wie folgt beschreiben:

Sanchit oder Saat-Karmas sind latente Handlungen, die seit unvorstellbar langer Zeit unserem Konto angerechnet worden sind. Niemand kann ihnen entkommen, ohne zugleich neue anzusammeln, wenn sie in unzähligen weiteren Lebensläufen abgegolten werden; das ist naturgemäß eine unerfüllbare Bedingung, die es unmöglich macht, diese gewaltige Schuld abzutragen. Gibt es dann, so fragt man sich, keine Möglichkeit, die große Kluft zu überbrücken, die das Bewußte vom Unterbewußten und dieses vom Unbewußten trennt? Gegen jedes Übel gibt es Abhilfe, ob es nun um spirituelle oder irdische Dinge geht. Wenn wir Saatkörner in einer Pfanne rösten, bis sie aufplatzen, verlieren sie ihre Fruchtbarkeit, d.h. die Fähigkeit, aufzukeimen und Frucht zu tragen. Genauso können die Sanchit-Karmas im Feuer von *Naam* oder dem Wort entzündet und unschädlich gemacht werden. Wenn dies geschieht, wird man ein bewußter Mitgestalter im göttlichen Plan, und die Bindung an die unbekannte Vergangenheit löst sich endgültig.

Pralabdh-Karmas bestimmen über unser gegenwärtiges Los, unsere "Tauschware" im Geben und Nehmen dieses Lebens - unser Geschick. Die Früchte dieses Karmas müssen wohl oder übel geerntet werden, ob sie nun bitter oder süß schmecken. Schließlich können wir nur ernten, was wir gesät haben. Der Meister greift in diesen Vorgang nicht ein, damit wir lernen, alles mit liebender Geduld im Laufe dieses Lebens zu Ende zu bringen. Ein Auslöschen dieser Karmas oder auch nur ein Eingriff in ihre gesetzmäßige Abwicklung hätte die Auflösung des Körpers zur Folge. Dennoch ist ein Schüler beim Versuch, mit ihnen fertig zu werden, durchaus nicht allein gelassen. Sobald wir vom Meister initiiert sind, nimmt sich die Meisterkraft unser an und gewährt uns bei jedem Schritt Hilfe und Beistand. Durch eine allmähliche spirituelle Schulung werden wir mit dem Prozeß der Selbstanalyse und des Zurückziehens vertraut gemacht und werden stark im Geiste, was dazu führt, daß die normalerweise schmerzhafte Auswirkung der Karmas einfach wie eine sanfte Brise über uns hinwegweht und uns unversehrt läßt. Selbst in schweren Fällen bringt die Meisterkraft ihr Gesetz der Sympathie und Barmherzigkeit zum Tragen. Bei ergebenen Schülern werden alle Leiden erheblich gemildert. Zuweilen wird auch die Intensität körperlicher und psychischer Leiden erhöht, um ihre Dauer abzukürzen, während - jeweils dem individuellen Erfordernis angepaßt - umgekehrt auch eine Verlängerung oder Abschwächung solcher Auswirkungen möglich ist. Aber das ist noch nicht alles. Die Leiden, Nöte und Krankheiten des physischen Körpers gehen auf Unrecht zurück, das wir im physisch-materiellen Bereich begangen haben. Durch den Körper verschuldete Karmas müssen auch physisch erduldet werden. Der Meister weiß als personifiziertes Wort alles über seine Schüler, wo sie auch sein mögen, ob weit entfernt oder ganz nah. In seltenen Fällen, wenn es dem Meister angemessen erscheint, mag er sogar gemäß dem Gesetz der Sympathie die Last der Karmas seiner ergebenen Schüler auf seine eigenen Schultern laden, um sie selbst zu erdulden, weil das Naturgesetz den Ausgleich in irgendeiner Form verlangt. Nebenbei gesagt würde wohl kein Schüler gerne einen Weg einschlagen, auf dem er für seine Fehler dem heiligen Meister Leiden brächte. Vielmehr sollten wir lernen, aufrichtig zu unserem Meister zu beten; wenn wir das tun, wird uns ganz gewiß alle mögliche Hilfe zuteil, um uns zu entlasten, unsere Lage zu erleichtern und das damit verbundene Leid so gering wie möglich zu halten, indem unsere Seele durch das Brot und Wasser des Lebens Nahrung und Kraft bekommt.

Es gibt jedoch auch Dinge, über die wir keine nennenswerte Kontrolle besitzen:

1 .den Wechsel von Freude und Leid im Leben - die in physischer wie geistiger Hinsicht angenehmen und unangenehmen Erfahrungen;

2 .Reichtum, Wohlstand und Macht oder auf der anderen Seite Armut, Elend und Schande;

3 .ein guter oder schlechter Ruf, Berühmtheit oder völlige Vergessenheit.

Dies alles sind die natürlichen Begleiterscheinungen des Lebens auf dieser Erde, und sie kommen und gehen, wie es vorherbestimmt ist. All unsere menschliche Anstrengung richtet sich darauf, möglichst viele der schönen Dinge des Lebens zu erlangen und gleichzeitig seinen Schattenseiten auszuweichen, ohne daß wir erkennen, wie flüchtig das Leben selbst ist, ein Schatten ohne Substanz, ein bloßes Trugbild, das dem unbedachten Pilger im sengenden Wüstensand der Zeit stets entgleitet. Die Meister bringen uns durch Lehre und Praxis die illusorische Natur der Welt und all dessen, was irdisch ist, zu Bewußtsein und offenbaren uns die nie versiegende Quelle des Lebens. Wer diese Quelle findet, wird bis in die innersten Fasern seines Wesens so vollkommen gesättigt, daß er in seiner Wonne das Leben selbst vergessen kann.

Kriyaman-Karmas sind die Karmas, die wir täglich während unseres gegenwärtigen Aufenthalts auf dieser Erde bewirken. Dieser Karmas wegen wird jedem Schüler dringend geraten, ein in Gedanken, Worten und Taten reines Leben zu führen und schlechte Handlungen zu vermeiden, da jede Übertretung oder Mißachtung der ethischen Gebote zwangsläufig Leid nach sich zieht und der Sünde Sold nichts Geringeres ist als der Tod - der Tod an der Wurzel des Lebens.

Wie nehmen nun die Meister einen Teil der karmischen Last in besonderen und seltenen Fällen von ihren Schülern und verschonen sie somit von deren unerträglichen Auswirkungen? Die mit dem physischen Körper zusammenhängenden Karmas müssen, wie gesagt, auch physisch abgetragen werden.

Gott kleidete sich in des gemeinen Menschen Fleisch, damit er schwach genug sein möge, Leid zu erdulden.

John Donne

In der Geschichte finden wir eine Begebenheit aus dem Leben Babers, des ersten Mogul-Königs von Indien. Babers Sohn Hamayan wurde einmal schwer krank, und niemand glaubte mehr an sein Überleben. In stillem Mitgefühl betete der König zu Gott, es möge ihm gewährt werden, die Krankheit seines Sohnes an dessen Statt zu erdulden, und so seltsam es erscheinen mag, wandte sich das Blatt im selben Augenblick; der Prinz erholte sich allmählich, während der König langsam dahinsiechte und starb. - Dies ist nur ein vereinzeltes Beispiel für stellvertretendes Leid auf menschlicher Ebene.

Der Meister ist eins mit dem Herrn des Erbarmens. In seinem grenzenlosen Reich gibt es keine Aufrechnung der Taten. Von der Gotteskraft durchdrungen, gewährt er jedem einzelnen die Verbindung mit der Rettungsleine im Innern, die ihm in Zeiten der Not als sicherer Halt dient. Wie sehr sein Schiff auch auf dem stürmischen Wasser des Lebens hin- und hergeworfen werden mag, ist es doch fest an der auf dem Wasser schwimmenden Boje verankert und ruht auf stetem Kiel.

Wir sind dazu verurteilt, mit verbundenen Augen die Bühne der Welt zu betreten, um die Früchte unserer *Pralabdh-Karmas* zu ernten, von denen wir nicht das Geringste wissen. Wir wissen nicht einmal etwas von den Gesetzmäßigkeiten der physischen Ebene, geschweige denn von höheren Regionen. Mit all unseren Bekenntnissen und Beteuerungen erweisen wir Gott nur einen Lippendienst, solange uns der innere Zugang, die Verbindung mit dem Licht und der Stimme Gottes, verschlossen ist. Während wir die ganze Zeit mit dem Genuß sinnlicher Freuden beschäftigt sind, bleibt uns sogar unsere wahre Natur verborgen. Wir halten uns für ein Geschöpf des Zufalls und leben planlos als bloßer Statist auf der Lebensbühne.

Ein Heiliger hingegen kommt mit einem Auftrag und einem Zweck in diese Welt. Er ist Gottes Auserwählter, sein Messias und Prophet. Er wirkt in Seinem Namen und kraft Seines Wortes. Er besitzt keinen eigenen, von Gott losgelösten Willen; und als bewußter Mitgestalter im göttlichen Plan sieht er in allen Angelegenheiten des Lebens die verborgene Hand Gottes. Obgleich er in der Zeit lebt, gehört er in Wahrheit der zeitlosen Ewigkeit an. Er ist Herr über Leben und Tod, aber voller Liebe und Mitleid gegenüber der leidenden Menschheit. Seine Mission besteht darin, jene Seelen wieder mit Gott zu vereinen, die sich danach sehnen und ernsthaft danach suchen. Sein Wirkungsbereich hat nichts mit dem der *Avatare* oder Inkarnationen zu tun, deren Werk auf die menschliche Ebene beschränkt bleibt und darin besteht, die Lebensvorgänge auf der Welt zu ordnen.

Lord Krishna erklärte in eindeutigen Worten, er komme immer dann in die Welt, wenn eine Störung im Gleichgewicht der Kräfte von Gut und Böse eingetreten sei, mit dem Ziel, dieses verlorene Gleichgewicht wiederherzustellen, den Rechtschaffenen beizustehen und die Ungerechten zu bestrafen. Im *Ram Chritra Mansa* lesen wir ähnliches über Lord Rama, der sich ebenfalls inkarnierte, als das Böse in der Welt zu überwiegen drohte. So kommen die Avatare also, um die Gerechtigkeit wiederherzustellen. Sie sind jedoch nicht dazu ermächtigt, die Gefängnistore der Welt aufzuschließen, die *Jivas* daraus zu befreien und in die spirituellen Bereiche zu führen. Dies fällt ausschließlich in den Aufgabenbereich der Heiligen, die bewußt auf der göttlichen Ebene mit der Gotteskraft zusammenarbeiten und nur die Anbetung Gottes lehren; denn das allein bringt Erlösung von den Rückwirkungen der Karmas. In einer islamischen Schrift heißt es dazu:

Und zuletzt kam es ans Licht, daß im Reich der *Darveshs* (Sufi-Heiligen) Karmas nicht zählen.

Und wiederum heißt es:

Ein Meister-Heiliger vertreibt die Karmas, die vor ihm fliehen wie Schakale beim Anblick eines Löwen.

Niemand kann den Auswirkungen seines Handelns entfliehen, nicht einmal unverkörperte Geister; weder Giganten, noch Dämonen, *Kinnars, Yakshas, Gandharvas, Devas* oder die Gottheiten. Jene Seelen, die noch in den selbstleuchtenden astralen oder ätherischen Körper eingeschlossen sind, genießen die Früchte ihres Handelns in der Region von *Brahmand,* der dritten großen Aufteilung jenseits der ersten zwei Bereiche von *Pind* und *And.* Auch sie erstreben die menschliche Geburt, um dem Bereich der karmischen Gesetzmäßigkeit zu entkommen, denn nur als Mensch hat man die Chance, einem Gottmenschen zu begegnen und von ihm in das Geheimnis des göttlichen Pfades, den Tonstrom oder das heilige Wort, eingeweiht zu werden.

Ein Mensch müßte viele Jahre der geduldigen Meditation opfern, um bis zu einem gewissen Ausmaß das gewaltige System von Gottes Herrschaft begreifen zu können, weshalb dem fragenden Sucher auf dieser Stufe nur wenig davon erklärt wird. Genauso schwierig ist es, einen wahren spirituellen Meister zu verstehen. Und dennoch spielt ein *Sant* im allgemeinen auf dieser Welt die Rolle eines gewöhnlichen Menschen und spricht von sich selbst als einem Diener oder Knecht Gottes.

Daß ein Meister ergebenen Seelen einen Teil ihres Karmas abnimmt, um sie auf seinen eigenen Schultern zu tragen, bedeutet nicht, daß er das höchste Gesetz mißachtet oder ausschaltet. Seine Stellung kann vielmehr mit der eines Königs in Verkleidung verglichen werden, der

30

sich freiwillig unter sein Volk mischt und zuweilen sogar ihre Freuden und Sorgen teilt, um ihre Schwierigkeiten zu verstehen und ihre Lage zu verbessern. In Bezug auf den menschlichen Körper macht ein Meister-Heiliger vom besonderen göttlichen Zugeständnis Gebrauch, demzufolge er, kurz gesagt, den Tod durch den Galgen zu einem Dornenstich reduzieren kann. Zuweilen unterwirft er seinen eigenen Körper einem geringfügigen Leiden, und befreit damit einen gewöhnlichen Menschen von einem Leiden, das für ihn nur schwer zu ertragen gewesen wäre. Auf diese Weise macht er klar, daß alle Körper leiden müssen, da dies dem für alle verkörperten Geschöpfe geltenden Naturgesetz entspricht. 'Das physische Leben besteht nur aus Leid', erklärte der *Sakya Muni Buddha.* Auch der heilige Kabir erklärte, er habe nicht einen einzigen glücklichen Menschen gesehen; jeder, dem er begegnete, sei voller Trübsal. Guru Nanak zeichnet ebenfalls ein einprägsames Bild von einer Welt, deren Menschen voller Kummer und Sorgen sind, mit Ausnahme jener seltenen Seelen, die bei *Naam* Zuflucht fanden. Da wir ringsumher diesen traurigen Zustand beobachten, denken wir, daß auch ein Gottmensch nicht mehr ist als wir. Wenn er körperlichen "Schmerz" erduldet, spielt er damit äußerlich die Rolle eines Menschen, ist jedoch innerlich stets vom physischen Körper getrennt. Durch die ständige Verbindung mit Gott kann er dem entrinnen, was für den Schüler ein unerträglicher Schmerz gewesen wäre.

Jeder, der auf diesen Pfad initiiert wurde und sich dem Prozeß der Umkehr widmet, kann sich durch das Sammeln seiner Sinnesströme in der Mitte hinter den Augen vom Körper zurückziehen. Die dafür benötigte Zeit mag individuell verschieden sein, aber der Erfolg ist schließlich jedem sicher und läßt sich in jedem einzelnen Fall nachweisen. Die ergebenen Schüler können selbst auf dem Operationstisch freiwillig auf die Narkose verzichten. Sie ziehen ihr Bewußtsein vom Körper zurück und bleiben daher gegenüber dem Einschnitt des Operationsmessers gefühllos. Von Bhai Mani Singh wird erzählt, daß er zum Tode durch Abtrennen jedes einzelnen Gliedes verurteilt wurde. Er unterzog sich lächelnd dieser Prozedur. Als der Scharfrichter versuchte, sich durch Abschneiden ganzer Körperteile dieser schändlichen Aufgabe zu entziehen, ermahnte er ihn, den erhaltenen Befehl auf das genaueste auszuführen.

Wahrheitssucher, die diese Dinge mit wachem Auge studieren, begegnen vielen solchen Fällen. Seelen mit dem Zugang nach innen bleiben in das große Selbst im Innern vertieft und brüsten sich nicht mit ihren besonderen Fähigkeiten. Diese Regel hat ihren einfachen Sinn darin, daß solche Fähigkeiten allzu leicht als Wunder betrachtet werden und daher unbedingt verborgen bleiben sollten. Die Heiligen stellen niemals Wunder zur Schau und erlauben auch ihren Schülern nicht, sich mit solch prahlerischen und unnützen Spielereien in Szene zu setzen.

Wenn die Heiligen krank zu sein scheinen, lassen sie sich im allgemeinen von Ärzten Medikamente verschreiben, obwohl sie in Wirklichkeit keiner solchen Behandlung bedürfen. Sie tun dies vielmehr nur, um sich der weltlichen Ordnung der Dinge anzupassen. Auf diese Weise zeigen sie uns, daß auch wir uns entsprechend den bewährten Regeln dieser Welt wenn nötig einer geeigneten Behandlung unterziehen sollen. Allerdings wird von den Schülern erwartet, daß sie nur Arzneien ohne tierische Substanzen zu sich nehmen; einige Schüler jedoch - in unerschütterlichem Vertrauen zur gütigen Kraft des heiligen Meisters im Innern - verzichten auf die sogenannten Heilmaßnahmen und lassen die der Natur eigene Kraft walten, im Wissen, daß die Heilkraft im Innern Teil des menschlichen Organismus ist.

Die körperlichen Störungen sollten, so wie sie kommen, angenommen und gelassen ertragen werden, da sie normalerweise das Ergebnis unserer eigenen Ernährungsfehler sind und durch geeignete hygienische Maßnahmen und die richtig ausgewählte Nahrung beseitigt werden können. Hippocrates, der Vater der Medizin, betonte, daß die Nahrung wie Medizin genommen werden sollte. Aber auch schwere Krankheiten, die von karmischen Reaktionen herrühren, müssen mit Geduld und ohne Murren oder Bitterkeit ertragen werden, da alle karmischen Schulden abzuzahlen und ihre Rechnungen hier und jetzt zu begleichen sind. Je schneller dies geschieht, desto besser, denn es sollten keine Außenstände für später übrig bleiben. Es gibt eine Geschichte aus dem Leben Hazrat Mian Mirs, eines großen Moslem-Heiligen und Mystikers. Als einer seiner Schüler namens Abdullah auf dem Krankenbett lag, erhob er einfach seine Sinnesströme zum Augenzentrum und schloß sich so ungestört in der Zitadelle des Friedens ein. Als ihn aber sein Meister Mian Mir besuchte, holte er Abdullah ins Körperbewußtsein zurück und wies ihn an, die zu begleichende Schuld zu bezahlen, da er dies nicht unbegrenzt durch solche Taktiken hinausschieben könne.

Im Unterschied zu den meisten von uns verwenden die Meister nicht viel Zeit auf ihre körperlichen Bedürfnisse. Sie betrachten das physische Gewand bloß als Lumpen, der eines Tages abgelegt wird. Wenn erforderlich, arbeiten sie körperlich und geistig sehr hart, ohne sich Rast und Ruhe zu gönnen, zuweilen nächtelang ohne Schlaf. Solche beachtlichen Leistungen geben der modernen Wissenschaft Rätsel auf. Für die Heiligen ist dies aber nichts Ungewöhnliches, da sie mit den höheren Naturgesetzen, von denen wir nichts ahnen, vertraut sind und den besten Gebrauch davon machen.

Handlungen und Karmas lassen sich in individuelle Karmas und Gruppen-Karmas einteilen. Die letzteren werden von einer Gesellschaft oder Nation im ganzen verursacht und *Dharma* genannt. So wie der einzelne Mensch die Früchte seiner eigenen Karmas (Handlungen) ernten muß, so hat auch eine Gesellschaft die Auswirkungen ihrer allgemeinen politischen Entscheidungen zu erdulden. Daher ha-

ben unschuldige Menschen oft unter den Fehlern des falsch gehand-
habten Dharmas ihrer Gesellschaft zu leiden. Dabei entspricht freilich das Leid des Kollektivs für den einzelnen Betroffenen genau einer Schuld, die er selbst in einem früheren Leben auf sich geladen hat
und zu deren Vergeltung er nunmehr in eine Situation gestellt wird,
in der er zusammen mit anderen - aus der Vergangenheit ähnlich
schuldbeladenen - Menschen die Rückwirkungen erleiden muß. Als
Nadir, der Schah von Persien, in Indien einfiel und unter den Bewoh-
nern von Delhi ein großes Blutbad anrichtete, herrschte in der gesamten Bevölkerung große Bestürzung. Alle waren davon überzeugt, daß
das soziale Unrecht durch die Person Nadirs an der Nation gerächt
worden sei. Der gerechte Ausgleich für Unterlassungs- und auch für
vergangene Sünden entspricht dem grundlegenden Naturgesetz, das
sich in der einen oder anderen Form Geltung verschafft, ob man von
Rachegöttinnen oder Eumeniden oder einfach von Schuld und Sühne
spricht.

IV

Im indischen Schrifttum gibt es eine anschauliche Geschichte über einen Raja Prikshat. Ihm wurde erzählt, daß er durch die gesungene Rezitation der *Bhagavad Gita* ein *Jivan Mukat* - ein aus der Knechtschaft vollkommen befreiter Mensch - werden könne, sofern sie ihm von einem *Pandit* vorgetragen werde. So rief er eines Tages seinen Hofpriester zu sich und befahl ihm, die erhabenen Verse der Bhagavad Gita vorzusingen, damit er dadurch von den Fesseln des Gemüts und der Materie befreit werden möge. Er erließ zugleich den Befehl, den Priester aufzuhängen, wenn sein Vortrag die verheißene Wirkung verfehle. Der Priester war jedoch nicht besser als jeder von uns. Er erschrak zutiefst, starrte ihm doch im Geiste schon der Tod ins Gesicht, denn er wußte sehr wohl, daß er dem König nicht zur Erlösung verhelfen konnte. Als er nach Hause kam, war er sehr niedergeschlagen und über das ihm drohende Schicksal äußerst betroffen. Am Vorabend des Tages, an dem der Vortrag der Gita stattfinden sollte, war er halb tot vor Angst. Zu seinem Glück hatte er eine kluge Tochter. Auf ihr Drängen hin verriet er ihr den Grund für seinen jammervollen Zustand. Sie tröstete ihn jedoch und versprach ihm, ihn vor dem Galgen zu retten, wenn er ihr erlaube, ihn am folgenden Tag zum König zu begleiten. So geschah es, daß sie zusammen mit ihrem Vater am königlichen Hof erschien. Sie fragte den König, ob es zutreffe, daß er von der Bindung an die Welt erlöst werden wolle, und der König bejahte. Sie erwiderte, daß sie ihm helfen könne, dieses sehnlichst erwünschte Ziel zu erreichen, vorausgesetzt, daß er ihren Rat befolge und sie tun lasse, was sie für richtig hielt. Sie nahm den König und ihren Vater mit und führte sie, mit zwei starken Seilen bewaffnet, in den Dschungel, wo sie jeden für sich an einem Baum festband. Dann forderte sie den König auf, seinen Priester loszubinden und zu befreien. Der König indes erklärte sich dazu außerstande, da er ja selbst hilflos gefesselt sei. Das Mädchen führte ihm nun vor

Augen, daß einer, der selbst in den Banden der *Maya* (Täuschung) gefesselt sei, unmöglich einen anderen aus derselben Bindung befreien könne. Nur der Vortrag der Gita aus dem Munde eines befreiten Menschen, der selbst die Täuschung überwunden habe, könne den magischen Bann der Illusion durchbrechen. So solle der König nicht hoffen, durch seinen Priester erlöst zu werden, der selbst genauso gebunden sei wie der König.

Allein ein *Neh-Karma,* einer, der nicht in das karmische Netzwerk verstrickt sei, habe die Macht, auch andere aus dem tödlichen karmischen Kreislauf zu befreien.

Dies veranschaulicht auch, daß das bloße Studium der Schriften von keiner großen Hilfe ist, wenn es um *Moksha* oder die Erlösung geht, denn dies ist allein eine Sache der Praxis. Nur unter der sicheren Führung eines erfahrenen Lehrers können wir diese Praxis erlernen und vervollkommnen. Der *Murschid-i-Kamal* oder vollkommene Meister muß zuerst die zerbrochene Tafel des Gemüts wieder zusammensetzen, die durch zahllose Wünsche und Ziele in Stücke brach. Zu einem vollkommenen Ganzen zusammengefügt, muß sie so blank gerieben werden, daß sie das Licht und die Schönheit Gottes widerspiegeln kann, was keine noch so große Buchgelehrsamkeit zustande bringt.

Es ist nur natürlich, daß wir die wahre Botschaft der Schriften nicht erkennen und verstehen können, solange sie uns nicht von einem Meister erklärt werden, der ihre Aussagen selbst in seinem eigenen Geist erfahren hat. Ein solcher Meister kann den Schüler aufgrund seiner eigenen Erfahrung in die andernfalls äußerst verwirrenden Lehren einführen, die oft nur in knappe Sinnsprüche gefaßt, die den in seiner Erkenntnisstufe und -methode allzu begrenzten Verstand ohne diese Hilfe nur verwirren.

Deshalb heißt es: 'Gott erschließt sich leicht in der Gesellschaft eines *Sadh* (einer geschulten Seele)'. Nur eine befreite Seele kann eine andere befreien und sonst niemand.

In diesem Zusammenhang heißt es:

> Das Studium der Veden, der Puranas und der Etymologie führt zu nichts.
> Ohne die Erfahrung vom heiligen Wort bleibt man für immer in tiefster Finsternis.

Ein Mensch mit praktischer Erfahrung vereint in sich alle Schriften und noch viel mehr; diese geben bestenfalls die theoretische Seite in subtiler Sprache wieder, können uns diese Theorie jedoch nicht im gesprochenen Wort nahebringen, geschweige denn eine tatsächliche Erfahrung davon vermitteln, wie es der Meister tut.

Heutzutage versuchen alle, die Zeitumstände für ihre Leiden verantwortlich zu machen, und dies ist tatsächlich die älteste Klage der Welt. Gegenwart und Zukunft gehören uns nicht mehr als die Vergangenheit. Diese Welt ist ein riesiges Magnetfeld, und je stärker wir versuchen, ihm zu entrinnen, desto tiefer verfangen wir uns in seinen Kräften. Die Menschen zappeln darin und denken, daß niemand sie sieht. Die Klugen spüren zwar, daß sie gefangen sind, wissen jedoch von keinem Ort, an dem sie sich in Ruhe niederlassen könnten. So bleibt das ungeheure Rad des Lebens unaufhörlich in Bewegung. Die karmische Mühle der Natur mahlt langsam, doch unterschiedslos mit unfehlbarer Sicherheit. Die dies empfinden, sagen: 'Es scheint, daß die Natur den Menschen schuf und dann die Form zerbrach'.

Nur wenige versuchen, hinter das Warum und Wofür des Geschehens und der Ereignisse zu kommen; die meisten nehmen ohne zu fragen alles so, wie es der Strom der Zeit herantreibt. Wir versuchen nicht, den Dingen wirklich auf den Grund zu gehen, um die einzelnen Glieder jener Kette aufzuspüren, die uns zum Verständnis der sichtbaren Realität führen. Im Umgang mit den Mitgeschöpfen vergißt ein jeder, daß er für alles in der Welt bezahlen muß. Sogar die Gaben der

Natur wie Licht, Luft, Raum usw. stehen nicht allen unbegrenzt und gleichermaßen zur Verfügung. Und dennoch spielt sich jeder als Herr über die freien Gaben Gottes auf. In dem Bestreben, so großzügig wie möglich zu sein, gerät er an ein paar "schlecht gefaßte Edelsteine" (d.h. Menschen) und wird dem "Gesetz des Gebens und Nehmens" unterworfen. Erst nach schweren Schlägen lernt er, daß diese Waage nur das tote Gewicht angibt, ohne Rücksicht darauf, ob sie Gold wiegt oder Blei. Jeder weiß, daß sich Nebel nicht mit einem Fächer vertreiben läßt; trotzdem versucht er es und macht damit die Sache nur noch verworrener, als sie ohnehin schon war. Wer selbst durch die endlose Kette von Ursache und Wirkung an Händen und Füßen gebunden ist, kann nicht andere befreien. Wenn die ganze Welt in tiefem Schlafe liegt, wer könnte dann wen aufwecken? Nur ein freier Mensch ist befähigt, andere loszubinden. Die Sünden von Tun und Unterlassen entspringen derselben Wurzel wie das Gesetz der Natur und sie unterlaufen dem Handelnden früher oder später in der einen oder anderen Form.

Wer Vögel in Käfige sperrt, Tiere an die Kette legt und ihnen die Freiheit nimmt, erliegt dem Irrtum, daß diese armen, unverständigen Geschöpfe keinen Gerichtshof hätten, bei dem sie klagen können. Er glaubt das Recht zu haben, mit ihnen zu tun, was er will. Weder schreckt er davor zurück, Tiere zu töten, noch berücksichtigt er die allgemeine Wahrheit: 'Wie du säst, so wirst du ernten'. Das Gesetz nicht zu kennen, ist keine Entschuldigung. Jedes Vergehen muß sich rächen. Wer tötet, wird wieder getötet. Wer durch das Schwert lebt, kommt dadurch um . Man muß für alles bezahlen: 'Auge um Auge, Zahn um Zahn'. Dies gilt heute noch genauso wie zu Moses' Zeiten. Süß ist ohne Zweifel der Genuß - bitter ist die furchtbare Zeit der Abrechnung. Auch wenn wir die Augen vor den Gesetzen der Natur verschließen und auf die Wirksamkeit der priesterlichen Macht vertrauen, wird uns das nicht helfen. Der Tribut für Vergehen wie Mord und Blutsaugen ist sehr hoch. Wer vom Blute anderer lebt und daraus Kapital schlägt, kann nicht reinen Herzens sein und erst recht nicht ins Himmelreich gelangen:

Selig sind, die reinen Herzens sind, denn sie werden Gott schauen.

Matth. 5, 8

Der Mensch hat in Gottes Schöpfung den höchsten Rang inne. Wir sind mit überlegenem Verstand begabt und dürfen daher unsere befristete Lebensspanne nicht blind verbringen wie andere Geschöpfe. Vielmehr sollten wir die goldene Gelegenheit des menschlichen Lebens nicht ungenutzt verstreichen lassen, sondern danach streben, in unsere ursprüngliche Heimat zurückkehren zu können. Dieses große Glück wird uns aber erst dann zuteil, wenn wir alles, was diese Welt zu bieten hat, gesehen und unsere Rolle im großen Drama des Lebens erfolgreich zuende gespielt haben. Gewöhnlich verlieren wir uns in den Verlockungen des irdischen Daseins und vergeben damit die einzigartige Chance, in die Region des reinen Geistes zurückzugelangen; diese Möglichkeit ergibt sich unter dem alles beherrschenden Gesetz der karmischen Rückwirkung ohnehin erst nach Myriaden von Inkarnationen. In endloser Folge erhalten wir Körper um Körper. Wir beginnen die Beschränkungen durch die Gesetze - sozialer oder physischer Art - zu spüren, die uns wie Hemmklötze den Weg auf Schritt und Tritt erschweren. So bleibt uns keine andere Wahl, als unsere nächste menschliche Geburt abzuwarten - und wer weiß, wann es wieder dazu kommt?

Die Heiligen geben eine sehr einfache Definition von Sünde. Sündigen heißt, seinen Ursprung (oder das Göttliche) zu vergessen. Alle Gedanken, Worte und Taten, die uns von Gott trennen, sind streng genommen Sünde; was uns Gott näher bringt, ist gottgefällig. Ein persischer Heiliger erklärte sich das Wesen der Welt mit den Worten: 'Die Welt kommt nur ins Spiel, wenn man den Herrn vergißt. Durch unablässige Versenkung in das Andenken Gottes ist man selbst mitten in der Welt, unter Freunden und Verwandten, nicht von der Welt'.

Die meisten groben oder feinen Sünden existieren durch den Einfluß des Gemüts nur in der Einbildung des Menschen. Die Heiligen, die als Ebenbilder des göttlichen Gesetzes der Liebe und Barmherzigkeit auf der Erde leben, betrachten die Sünden feinerer Art als "verzeihliche Schwächen". Solange wir als Geschöpf mit eigenem Willen handeln, begeben wir uns in die Abhängigkeit von allen bestehenden Gesetzen und ihren unerbittlichen Folgen. Sobald wir dagegen unseren eigenen Willen dem Willen eines Gottmenschen überantworten, unterstellen wir uns der göttlichen Liebe und Gnade.

Karmas sind die ansteckendste Form aller unsichtbaren Krankheiten, denen wir überhaupt ausgesetzt sind. Sie wirken noch schneller, verheerender und zerstörerischer als die tödlichsten und giftigsten Keime in der innersten Körperzelle, weil sie völlig unbemerkt in unser Blut gelangen. In der Gesellschaft, im Ungang der Menschen miteinander, üben die Karmas zunächst ihren Einfluß auf diejenigen aus, die maßgeblich die öffentliche Meinung prägen. Meinungen wiederrum formen die Gemütsart des einzelnen und wurzeln sich als Denk- und Handlungsmuster tief ein, bis sie schließlich zur "zweiten Natur" werden.Aus diesem Grunde muß vor schlechter Gesellschaft gewarnt werden. 'Schlechter Umgang schadet, guter Umgang adelt'. 'Sage mir, mit wem du umgehst, und ich sage dir, wer du bist'.

So spielen Tugend und Laster eine wesentliche Rolle in der Entfaltung einer Kultur. Täglich und stündlich ziehen wir Karmas aus unserer Umgebung an, und wir können uns ihrem Einfluß nur entziehen, wenn wir den Weg zu Gott einschlagen. Dazu sind wir aber auf die Hilfe der Heiligen angewiesen, die, beständig in den Allmächtigen vertieft, weit über dem Einfluß der Karmas stehen und in der Tat

Neh-karma oder *Jivan-mukat* sind. Es steht geschrieben, daß man im Reich eines wahren *Darvesh* (Gottmenschen) keine Rechenschaft über seine Karmas abzulegen braucht. Wenn wir uns unter den Schutz eines solchen Meisters stellen, wendet sich alles zum Besseren. Die menschliche Natur nimmt hingegen das Böse leichter an als die grenzenlose Güte der Heiligen. Die Gemeinschaft mit einem Heiligen hat die wunderbare Wirkung, uns nach und nach von allen Spuren des Schlechten zu reinigen. Die atmosphärische Reichweite eines solchen Meisters ist von unvorstellbarem Ausmaß.

Die Heiligen kommen nicht nur zum Wohle der Menschen in die Welt, sondern zum Nutzen der gesamten lebendigen Schöpfung auf allen Stufen der sichtbaren und unsichtbaren Seinskette. Die arme Kreatur Mensch besitzt keinen wahren Freund. Selbst das Gemüt mit den drei *Gunas* (den Eigenschaften von *Satva* oder Reinheit, *Rajas* oder Aktivität und *Tamas* oder Trägheit), das an allem menschlichen Handeln beteiligt ist, betrachtet ihn geradeso, wie eine Katze mit ihrem rastlosen Blick einer Maus auflauert. Wer dem Diktat des Gemüts folgt, verfängt sich stets in seinen Launen und ist unsäglichem Leid und quälenden Ängsten ausgeliefert. Das Gemüt fürchtet hingegen seinerseits jene, auf denen Gottes Güte durch seinen Mittler, den *Sat-Guru* (Gottmenschen), ruht. Es wagt nicht, die besonderen Vorrechte anzutasten, die Er seinen geliebten Kindern gewährt, sondern es hilft ihnen als folgsamer Gehilfe unter der Anweisung seines Vorgesetzten. Wie das Feuer ist es ein guter Diener, aber ein schlechter Herr:

> In der Gemeinschaft eines *Sadh* hat man nichts zubereuen;
> In seiner Gemeinschaft erkennt man den Herrn und folgt ihm wahrhaft nach;
> In seiner Gemeinschaft erlangt man die höchste Gabe der Gottverwirklichung.

Deshalb erklärt Guru Nanak mit Nachdruck:

O Nanak, löse dich von all deinen flüchtigen Bindungen dieser-
Welt
Und begib dich auf die Suche nach den wahren Menschen.
Alle werden dich noch während deiner Lebensspanne verlassen,
Doch der Wahre wird noch mit dir ins Jenseits gehen.

Baba Farid, ein Moslem-Heiliger, bringt dasselbe zum Ausdruck:

Farid, eile in der Suche nach einem befreiten Menschen, denn
ein solcher kann auch dich (aus der Gefangenschaft der Welt)
befreien.

Und an anderer Stelle:

Das ewig rastlose Gemüt kann keinen Frieden finden, bis es in
einem Gottmenschen ruht.

Im *Gurbani* finden wir:

In der Gemeinschaft eines *Sadh* kommen die wandernden Gedanken zum Stillstand;
Ein stilles Gemüt allein spiegelt das Licht des Herrn wider.

Wir alle sind physisch und geistig in den unsichtbaren Bindungen des
Karma gefangen. Solange wir vom Gemüt und von der Materie beherrscht werden und nicht bei einem Heiligen Zuflucht gefunden haben, unterliegen wir allen Gesetzen der verschiedenen Ebenen und erfahren die einfache, reine, durch keine Gnade gemilderte Gerechtigkeit. Für alle unsere Sünden - selbst die unbedachten, verborgenen
und subtilen - müssen wir uns der Strafe unterziehen. In einem weltlichen Gerichtssaal mag es einem Freund gelingen, den langen und quälenden Prozeß abzukürzen, aber vor dem Richterstuhl des Allmächtigen müssen wir uns allein verantworten. Nur in der Obhut eines

Heiligen entgeht die Seele dem Gericht, da sie mit seiner Hilfe zu Gott selbst emporgetragen wird. Im *Jap Ji* erklärt Guru Nanak:

> Der Heilige hat Zutritt zu seinem Hof, wo er der eigentliche Erwählte ist;
> Der Heilige ziert die Schwelle zu Gott und wird selbst von Königen verehrt.

Und weiter heißt es:

> Der Sat-Guru hat mir die Gabe der inneren Schau gewährt und alle Zweifel zerstreut.
> Da der Bericht über meine Taten ausgelöscht wurde, kann mir der Todesengel nicht mehr schaden.

Der Pfad der Heiligen geht demnach in eine völlig neue Richtung. Wer darauf gestellt wurde, wird vom Gericht verschont. Der Heilige ist überall gegenwärtig, und sein Einfluß erstreckt sich auf Regionen, von denen wir uns keinen Begriff machen. Er wird seine Schüler nie verlassen, noch versäumen bis ans Ende der Welt. Sein heiliges Versprechen lautet:

> Jedermann, ich will mit dir geh'n und dein Führer sein,
> in der höchsten Not dir beiseite steh'n.
>
> aus "Jedermann"

Gleich einem gütigen Vater mag er selbst das unfolgsame Kind zur Rechenschaft ziehen, würde es aber niemals zur Bestrafung der Polizei übergeben.

Niemand ist mehr gebunden als einer, der sich einbildet, frei zu sein. Die Falle für einen hochfliegenden Geist ist der Ehrgeiz. Wenn es uns im irdischen Sinne gut geht, scheinen wir ein angenehmes Leben zu genießen. Offenbar bringen wir jetzt eine reiche Ernte ein, deren gute Saaten wir einmal in der Vergangenheit legten; oder aber wir handeln nach der Maxime des Raffens und Hortens und bauen uns damit ein Hornissennest für die Zukunft. All die Menschen, die im Überfluß leben, vergessen unglückseligerweise, daß sie in jedem Fall 'unsichtbare Ketten aus Gold' tragen und Leid zu erwarten haben. Das Sprichwort sagt, daß die prächtigen Häuser der Mächtigen mit dem Schweiß und den Tränen der Armen erbaut wurden. Wer in der Vergangenheit nichts Gutes säte, kann in der lebendigen Gegenwart keine reiche Ernte erwarten. Heimlich mag er sogar die Last einer Schuld mit sich herumtragen. Wenn er nicht jetzt eine gute Saat legt, wie kann er dann erwarten, künftig gute Früchte zu ernten, und für wie lange?

Davon abgesehen können gute Taten an sich uns noch nicht vor der Rückwirkung schlechter Handlungen bewahren, so wenig wie schmutziges Wasser je etwas rein waschen könnte. 'In all unserer Rechtschaffenheit sind wir doch nichts als unreine Geschöpfe', sagt ein christlicher Heiliger. Niemand ist rein, nicht einer. Wir unterliegen stets dem Gesetz des Gebens und Nehmens oder der ausgleichenden Gerechtigkeit. Natürlich ist es unbedingt wünschenswert und besser als der Weg übler Taten, wenn wir uns um gute Werke bemühen, aber dabei sollten wir nicht stehen bleiben. Ein würdiges, ethisches Leben wird uns vielleicht einen langen Aufenthalt in einem Paradies sichern, wo wir uns sorglos himmlischer Seligkeit erfreuen können; aber dort sind wir immer noch in den astralen oder kausalen Körper eingeschlossen und haben uns noch nicht vom Zyklus der Geburten und Tode befreit. Solange wir das Gefühl haben, wir selbst seien die Handelnden, können wir dem Rad der Geburten nicht entkommen, und wir müssen die Früchte unserer eigenen Saaten ernten. Allein die Verbindung mit dem heiligen Geist, dem göttlichen *Naam* oder Wort, hilft uns bei unserem Aufstieg in die höheren spirituellen Regionen, die weit entrückt sind von den Schatten der fortgesetzten

Geburten und Tode.

Himmel und Hölle sind die Regionen, in denen die nicht verkörperten Seelen für eine relativ lange Zeitspanne verweilen müssen, was jeweils von ihren guten oder schlechten Handlungen im irdischen Leben abhängt. Dieser Aufenthalt kann lang, aber niemals für immer sein, und er bedeutet nicht das Ende des unerbittlichen Kreislaufs von Geburt und Tod. Das Paradies (Himmel oder Eden) ist das 'El Dorado' bestimmter Religionen. Viele nennen es auch Erlösung. Tatsache ist jedoch, daß wir - wie lange die paradiesische Zeitspanne, die unseren guten Taten entspricht, auch dauern mag - wieder einen menschlichen Körper erhalten, denn nur in menschlicher Gestalt können wir uns auf dem Weg entwickeln, der schließlich zur Erlösung führt. Selbst die Engel an Gottes Thron streben nach der menschlichen Geburt, wenn sie fühlen, daß ihre Arbeit dort getan ist. So kommt es, daß wir uns, nachdem wir den von fast allen akzeptierten Weg der guten Werke gegangen sind, unversehens wieder im Netz unstillbarer Wünsche und Ambitionen gefangen sehen und mit diesem glitzernden, nie zu fassenden Irrlicht vor uns weiter ein ahnungsloser Gefangener im eisernen Griff des Karmas bleiben. Um an unser Ziel zu gelangen, mögen wir *Tapas* (verschiedene asketische Bußübungen) verrichten, die uns bessere Lebensläufe einbringen sollen. Aber selbst wenn wir die Herrschaft über ein Königreich erlangten, ginge unser Gemüt mit uns durch, ließen wir die Zügel schießen und vollbrächten große Taten voller Kraft und Tapferkeit, von denen die meisten schlimm genug wären, uns die Hölle einzubringen. Nachdem uns die Leiden, in die wir gestürzt wurden, eine bittere Lehre erteilt haben, suchen wir erneut Trost in den *Tapas*. Auf diese Weise bleiben wir ewig an den Teufelskreis immer neuer Versuchungen gekettet, der uns von der Hölle zur Reue und von der Reue zur Macht und von der Macht wiederum in die Hölle treibt - immer aufs neue, in einer endlosen zyklischen Ordnung, auf und nieder am Rad des Lebens. So schaffen wir uns jeder selbst Himmel und Hölle und bleiben durch unsere eigenen mutwilligen Taten in das feine Netz des Lebens eingespannt, das wir uns selbst gewoben haben.

Jene aber, die dem Pfad der Heiligen folgen, dem Weg der Mitte genau zwischen den Augenbrauen, begegnen weder Hölle noch Paradies, denn sie umgehen den Pfad eines Karma-Yogi. Selbst wenn eine unter dem Schutz eines Heiligen stehende Seele für eine Weile vom Weg abirrt, kann sie sicher sein, errettet zu werden. Obwohl die Heiligen die reine Demut verkörpern und daher nicht von ihrer großen Autorität sprechen, weisen sie manchmal indirekt auf die Erlöserkraft der Heiligen hin, die vor ihnen lebten. In den Schriften wird zum Beispiel erwähnt, wie Guru Nanak einen seiner Schüler errettete, der auf Abwege geraten und in die Hölle verbannt worden war. Der Heilige mußte diesem verlorenen Schaf selbst in die Hölle folgen und seinen Daumen in die Höllenfeuer tauchen, um damit den ganzen Schmelzofen abzukühlen. So konnte er nicht nur einem, sondern vielen sündigen Seelen Erleichterung verschaffen, die in ihrer großen Qual mitleiderregend wehklagten. Ähnliche Beispiele werden von Raja Janak und anderen Heiligen erzählt. Wie können dann gewöhnliche Menschen von der Hölle erlöst werden?

> Für jene, die sich der Praxis des heiligen Wortes hingeben, werden alle Mühen enden,
> Ihr Antlitz, o Nanak, erstrahlt in hellem Glanz, und viele Seelen werden mit ihnen erlöst.

Es gibt noch einen anderen Bereich, der von den Moslems *Eraf* (Fegefeuer) genannt wird und sowohl Freuden als auch Schrecken verschiedenen Ausmaßes bereithält. Viele Meister unterschiedlicher Entwicklungsstufen haben Erfahrungen von den Schrecken und Qualen der Hölle beschrieben, und es handelt sich dabei keineswegs um Hirngespinste, sondern um Tatsachen, über die man ernsthaft nachdenken sollte. So unglaublich es klingen mag, hat der Schüler eines

46

Heiligen mit all dem nichts zu tun. Und solange ein Schüler seinem Meister *(Sant Sat-Guru)* treu ergeben ist, kann keine Macht der Welt auch nur ein Haar auf seinem Haupte krümmen. Ein wirklicher Schüler eines solchen Meisters kann mit Überzeugung sagen:

Ich habe nur mit den Heiligen zu tun, und mein ganzesTrachten gilt nur ihnen.
Das wertvolle Gut, das die Heiligen mir anvertrauten, hat mich von allen Sinnestäuschungen befreit.
Der Todesengel kann nicht ein einziges Haar auf meinem Haupte krümmen,
Nachdem der ganze Bericht über meine Taten den Flammen übergeben ward.

Und weiter heißt es:

Unbesiegbar ist fürwahr der Todesengel,
Und keiner kann ihn unterwerfen.
Doch beim Klang von des Meisters Tonstrom wird er machtlos,
Der Klang seines Wortes versetzt ihn in Schrecken und schlägt ihn in die Flucht
Denn er fürchtet, der Herr der Heerscharen könnte ihm selbst den Todesstoß versetzen.

V

Wohl kein Mensch lebt ganz für sich allein auf der Welt, denn niemand kann sein Dasein in völliger Einsamkeit verbringen. Den Bedürftigen, Kranken und Hungernden zu helfen ist weitaus wirksamer als bloßes Predigen. 'Dienen vor dem Selbst' entfacht die Glut der Sympathie, Güte und Liebe. Die große reinigende Kraft dieser Tugenden befreit uns von allen Schlacken und befähigt uns, das höchste Wissen von Gott zu empfangen. 'Ohne Fleiß kein Preis', sagt das Sprichwort.

Ahimsa (Nichtverletzen) bedeutet nicht nur das Verbot des Tötens, der Gewalt und des Verletzens, sondern erstreckt sich auch auf böse Gedanken und Worte. Im Unterschied zu den Tieren verleiht *Ahimsa* uns Kraft und Stärke, und es übertrifft alle anderen Tugenden. Der Dienst, den wir aufrichtigen Suchern auf dem göttlichen Pfad leisten, ist von höchstem Wert. Daneben zählen auch andere Arten der Hilfe wie Spenden an wirklich Bedürftige und Notleidende, Unterstützung von Mitmenschen, die unter außergewöhnlich harten Umständen an unzugänglichen Orten arbeiten, Krankendienst und Beistand für Betrübte und ähnliches zu den Eigenschaften, die von großer Hilfe sind und durch unablässige Übung auf jede nur mögliche Art gepflegt werden sollten. Durch diese reinigenden Verhaltensweisen können wir auf dem vom Meister gewiesenen Weg zur Freiheit weit vorwärts eilen.

Liebe ist das Allheilmittel für die meisten Leiden dieser Welt. Sie ist die Quelle aller Tugenden. Wo Liebe ist, da herrscht Frieden. 'Liebe, und aller Segen wir dir zuteil', lautet der zentrale Grundsatz der Lehre Christi. Das ganze Gebäude des Christentums ruht auf den beiden Geboten: 'Du sollst Gott, deinen Herrn, lieben von ganzem Herzen,

48

von ganzer Seele und mit all deiner Kraft', und 'Du sollst deinen Nächsten lieben wie dich selbst'. Gott ist Liebe, und dasselbe gilt für die menschliche Seele, die ein Funken vom gleichen Wesen ist. Der heilige Johannes sagt: 'Wer nicht liebet, kennet Gott nicht, denn Gott ist die Liebe, und wer Gott liebt, der liebt auch seine Brüder'. Guru Gobind Singh legte dieselbe Betonung auf den vorrangigen Wert der Liebe:

> Wahrlich, ich sage euch, Gott offenbart sich nur denen, die lieben.

Und ein Moslem-Heiliger sagt dazu:

> Gott schuf den Menschen als eine Verkörperung der Liebe. Zu seiner Verherrlichung hätten ihm die Engel genügt.

Gekrönt werden alle Tugenden durch die Wahrheit und eine gute Lebensweise *. Als erstes sollten wir zu uns selbst ehrlich sein. Bei den meisten von uns besteht das Problem darin, daß unser Gemüt, unsere Zunge und unsere Taten nicht übereinstimmen. Wir haben eine Sache im Herzen, eine andere auf der Zunge und tun ein Drittes mit den Händen. 'Sei dir selber treu, und es folgt wie die Nacht dem Tage, du kannst nicht falsch sein gegen irgendwen (Shakespeare). Ihr lebt im Körper ebenso wie Gott, die kontrollierende Kraft. Wenn ihr euch selbst gegenüber ehrlich seid, braucht ihr nichts und niemanden zu fürchten. Bevor ihr andere zu täuschen versucht, täuscht ihr euch selbst. 'Rama kann Rama nicht betrügen', diese Worte sprach Swami Ram Tirtha, als jemand ihn vor den Machenschaften der Menschen warnen wollte. Die Wahrheit steht über allem, aber noch höher steht eine aufrichtige Lebensweise. Wir müssen versuchen, im Tempel des heiligen Geistes ein absolut reines Leben zu führen, um ihn nicht

---

*Siehe auch Anhang I

durch Falschheit und sinnliche Begierden zu beschmutzen und damit in des "Teufels Wechselstube" zu verwandeln.

Die meisten Menschen halten Wohlstand für die Quelle der Zufriedenheit, obwohl er doch in Wahrheit nur den Toren etwas vorgaukelt und die Reichen gefährdet. Er läßt dem Gemüt freien Lauf, und erst einmal aus der rechten Bahn geworfen, begeht es leichtsinnig Fehler über Fehler, die schlimme Folgen nach sich ziehen. Der zu irdischem Reichtum führende Weg ist weit entfernt vom Pfad, der zu Gott führt. Wir können nach freiem Willen zwischen beiden wählen. Das Gemüt ist unteilbar, und es stellt die Verbindung her zwischen Körper und Seele einerseits und irdischen Gütern andererseits. Naturgemäß müssen wir daher zwischen diesen beiden Möglichkeiten wählen. Sind die Würfel erst gefallen, müssen wir uns mit aller Kraft und Ausdauer darum bemühen, das einmal gesteckte Ziel zu erreichen. Reichtum an sich ist kein Hindernis auf dem Weg zur Spiritualität, die als ein freies Gut Reichen und Armen gleichermaßen zusteht und weder von den einen noch von den anderen als Vorrecht für sich allein beansprucht werden kann. Den Pfad erfolgreich zu gehen, erfordert lediglich stetige Hingabe an das Ziel und den ehrlichen Wunsch nach einer reinen Lebensweise. Natürlich muß ein reicher Mensch darauf achten, sich keiner unehrenhaften Mittel zu bedienen, um seinen Wohlstand zu vermehren, und er ist verpflichtet, seine ehrlich erworbenen Güter sinnvoll zu nutzen, anstatt sie für oberflächliche Zwecke zu vergeuden. Er sollte seinen Reichtum stets als ein ihm von Gott anvertrautes Gut betrachten, um damit den Armen und Bedürftigen, den Hungrigen und Durstigen, den Kranken und Gebrechlichen zu helfen, denn sie alle haben als Menschen und Kinder desselben Vaters ein Anrecht darauf. Dies war der Rat, den der Weise Ashtavakra König Janak gab, als er ihm die praktische spirituelle Erfahrung von der Wissenschaft der Seele gewährte und ihm anschließend sein Königreich zurückgab, das Janak seinem Meister vor der Initiation auf den heiligen Pfad zu Füßen gelegt hatte. Er wurde angewiesen, es künftig als Geschenk von ihm (dem Rishi oder Gottmenschen) anzusehen und für die Verbesserung der Lebensbedingungen seines Volkes und Landes zu verwenden, die Gott in seine Obhut gegeben hatte. Wer seinen Besitz nicht auf ehrliche Weise verdient und klug und umsichtig einsetzt, läuft Gefahr, selbstsüchtig und ein Sklave seines in diesem Falle unverdienten Reichtums zu werden und sich, ohne es zu wissen, in den goldenen Ketten zu verfangen, die er sich selbst anlegt. Um davor zu warnen, erklärte Jesus Christus in unmißverständlichen Worten, daß 'ein Kamel eher durch ein Nadelöhr gehe als daß ein Reicher ins Reich Gottes gelange'. Der Dichter T.S. Eliot rät: 'Denke nicht an die Ernte, sondern nur ans rechte Säen'.

Da die Ernte von der Qualität der Aussaat abhängt, ist das Säen von entscheidender Bedeutung. Als nächstes kommt die richtige Pflege, die Heranbildung zum Menschen - ein Prozeß, der gewöhnlich viel Zeit in Anspruch nimmt und sich je nach Entwicklungsstand des einzelnen über mehrere Inkarnationen erstreckt. Mit entsprechender Ausdauer und Hingabe und mit der Gnade der Meisterkraft können wir den sonst beschwerlichen und mühseligen Pfad jedoch leichten Fußes zurücklegen. 'Ein vollendeter Meister, der mit den Krümmungen und Windungen des Weges vertraut ist', so sagt Kabir, 'kann den Schüler rasch ans Ziel bringen'. Mit solch einem fähigen Führer und durch ehrliches Bemühen kann die Pilgerseele leicht das Meer der Welt überqueren, auch wenn sie mitten im weltlichen Leben steht. Wer sich nicht täglich dem *Bhajan* und *Simran* widmet, wird immer Schwierigkeiten haben und endlos auf dem Strom seiner Begierden dahintreiben. Die Praxis von *Vairagya* hilft beim Prozeß der Selbstreinigung, und indem er zuerst die Äste abschneidet, kann der Schüler schließlich den *Upas*-Baum der unzähligen Wünsche an der Wurzel fällen.

Keiner ist ohne Fehler. Der Mensch ist ein Kind des Irrtums, und der Irrtum bestimmt seinen Lebensweg. In Sünde zu fallen, ist also menschlich, aber darin zu verharren, ist schändlich. Es bringt keinen Gewinn, schlechte Waren zu lagern. In einem Tempel geboren zu werden ist gut, aber darin zu sterben, ist sündhaft, denn schließlich müssen wir uns einmal über den von allen organisierten Religionen praktizierten Formalismus und das Brauchtum der religiösen Kindergartenstufe erheben und ins Sonnenlicht der Spiritualität hineinwachsen. Wir müssen den Pfad studieren, wenn wir die Zukunft erkennen und für die Wirklichkeit des Jenseits erwachen wollen. Wer sich um die Zukunft keine Gedanken macht, wird die Gegenwart bald zu bereuen haben. Sünden und Sorgen gehen Hand in Hand und werden zu unseren ständigen Begleitern. Kleine Schwächen münden früher oder später in größere ein, während Selbsterkenntnis den ersten Schritt zur Besserung bedeutet. Echte Reue, gefolgt von guten Taten, trägt viel dazu bei, Leid zu mildern. Wäre der Teufel tot, würden wir wenig für Gott tun. Unter dem Schatten drohenden Unglücks leben wir am besten, denn dann strengen wir uns am meisten an. Es ist leicht, Fehler an anderen zu kritisieren, aber es ist die schwierigste Aufgabe überhaupt, sich selbst zu ändern, denn den Balken im eigenen Auge sehen wir gewöhnlich nicht. Gottesfurcht ist der Weisheit Anfang, und wer eine Gefahr rechtzeitig erkennt, ist ihr schon halb entronnen; gewarnt sein heißt gewappnet sein.

Als an die physische Ebene gebundene Menschen müssen wir den Geboten eines 'befreiten' Meister-Heiligen gehorchen, wenn wir uns aus der Täuschung von Gemüt und Materie lösen wollen. Wirf die ganze Last deiner Sorgen zu Füßen deines spirituellen Meisters, und du wirst dich mit Sicherheit aus dem tödlichen Griff der Sünden retten können. 'Laßt alles zurück und folget mir nach', war Lord Krishnas Aufforderung. 'Kommet her zu mir alle, die ihr mühselig und beladen seid, ich will euch erquicken', sagt Jesus. Für den ergebenen Schüler wird sogar das Krankenlager zum Tempel der Hingabe. Wer selbst mit der Praxis des heiligen Wortes wohlvertraut und berufen ist, andere darin einzuführen, ist ein wahrer Meister und vollkomme-

52

ner Führer *(Murschid-i-Kamil)*. Als fähiger, tüchtiger Verwalter wird er unter die Rechnung all unserer Taten den Schlußstrich ziehen und wie Jesus raten: 'Sündige hinfort nicht mehr'. Wenn ein Schüler vor versammelter Gemeinde offen einen Fehltritt bekannte und um Vergebung bat, hob auch Hazur Sawan Singh nur liebevoll die Hand und sagte: 'Bis hierher und nicht weiter'!

Folgt daraus nun etwa, daß wir nichts mehr tun sollten? Wie könnte das möglich sein? Die Antwort ist einfach. Solange das Gemüt die Vorherrschaft ausübt, können wir nicht anders als handeln, auch wenn wir uns den Geboten des Meisters gemäß Zurückhaltung auferlegen und dabei die höchsten Tugenden entwickeln. Müßiggang ist aller Laster Anfang und setzt wie Pandora all die tief in uns verborgenen Übel frei. Wer auf Rosen gebettet sein will, darf auch nichts anderes als Rosen säen und züchten. Wir handeln meistens unbedacht, aus eigennützigen Motiven und ohne zu wissen, was genau wir tun oder besser lassen sollten. Der Heilige ist der göttliche Gebieter seiner Zeit. Durch Liebe, Führung, Anleitung und Beispiel erreicht er, daß wir uns in unserem Handeln von ehrfürchtiger Hingabe und Liebe zur göttlichen Offenbarung leiten lassen, die uns mit Gott selbst verbindet -*Naam,* das Wort, die innere Stimme Gottes,*Kalma* oder *Kalm-i-Quadin,* hörbarer Lebensstrom, *Akashbani* oder *Bang-i-Asmani,* himmliche Musik, die wir durch ihn im Innern erfahren.

Einen Meister sollte man nicht seiner Hülle oder seines Körpers wegen achten, sondern die Hülle seinetwegen. Er ist der Höchste, und mehr als jeder andere verdient er unsere Liebe und Verehrung, da er die Verbindung mit Gott herstellt und uns unser physisches Selbst vergessen läßt. Wir können die göttlichen Offenbarungen in uns sehen und Stufe um Stufe höhere mystische Erfahrungen erlangen. Durch die Teilnahme an seinen *Satsangs* oder spirituellen Vorträgen werden viele frühere Sünden rasch ausgelöscht. Die Gemeinschaft mit ihm, sei es in Gedanken, durch Briefe oder in der Meditation, ist in Bezug auf die Karmas und gegen üble Einflüsse von großem Seen. Obwohl die Sünden des Menschen kein Ende nehmen, sind der unermeßlichen Barmherzigkeit Gottes keine Grenzen gesetzt. Auf der Lebensreise ist *Naam* (das heilige Wort) der wichtgste Weggefährte, unabhängig von Aufenthaltsort, Glaubensgemeinschaft, Land oder Gesellschaft des Schülers; die Erfahrung von Gottes Licht und Seiner Stimme im Innern hält ihn stets mit Gott verbunden. Die uns bekannten, unterschiedlichen Namen für Gott sind nichts als unsere eigenen Wortschöpfungen, mit deren Hilfe wir der namenlosen Wirklichkeit Ausdruck zu verleihen suchen, die doch ein unteilbares Ganzes, unbeschreiblich und erhaben ist.

Der Sant-Satguru oder Meister ist der heilige Vater. Er kommt von weit her, um allen, Sündern und Tugendhaften, zu helfen, da sie alle ohne Ausnahme in weltlichen - goldenen oder eisernen - Fesseln liegen. Er liebt sie alle, und seine Liebe führt zu Vergebung. Fürchte niemals, zu ihm zu gehen, nur weil du dich als Sünder fühlst. Er würde niemals zulassen, daß auch nur eines seiner Kinder in die Besserungsanstalt oder ins Gefängnis eingewiesen oder noch grausameren Strafen unterzogen würde. Ein liebender, gütiger Vater wird dies nicht tun. Der Meister mag das Kind vielleicht selber für einen Fehler schelten oder ihm zu seiner Besserung ein körperliches Leid auferlegen; und doch, ist er - wenn auch unsichtbar - stets bei ihm und gibt ihm von innen die Kraft, die Leidensphase zu überstehen. Er handelt wie ein Töpfermeister, der den Krug auf der Töpferscheibe sacht von außen bearbeitet und ihn dabei von innen mit der anderen Hand stützt, damit er nicht zerbrechen kann. Die Liebe des Meisters ist grenzenlos. In seinem Reich regiert die Gnade.

Die Pflicht eines Gefängnisaufsehers besteht darin, die Gefangenen in ihrer Zelle zu halten und sie durch strenge Zucht zu bessern. Ähnlich hatten die Gottheiten und göttlichen Inkarnationen *(Avatare)* zu allen Zeiten die Aufgabe, die Menschen an sich gebunden zu halten; zu diesem Zweck überschütteten sie ihre Gefangenen mit Gaben der verschiedensten *Ridhis* und *Sidhis* (gemeint sind Zugeständnisse und Vergünstigungen verschiedenster Art wie Wohlstand, Annehmlichkeiten, Erfolg in weltlichen Tätigkeiten oder Verleihung übermenschlicher Kräfte zum Guten wie zum Schlechten). Diese begrenzten Erleichterungen und Vergünstigungen können sie gewähren, wenn wir sie verehren, wenn auch nur bis zu der Stufe, die sie selbst erreicht haben, so wie sie ihnen nur in den inneren Regionen einen Aufenthalt gestatten können, über die sie selbst herrschen. Sie können uns jedoch nicht dabei helfen, die Vereinigung mit dem Allmächtigen zu erlangen, weil ihnen selbst als untergeordneten Kräften dieses höchste Vorrecht versagt ist.

Die oben erwähnten Sidhis oder übernatürlichen Kräfte sind Yogakräfte, die der Sucher mit wenig *Sadhan* (Übung) selber erlangen kann. Auf dem Weg zur Gotterkenntnis sind sie aber eindeutig hinderlich, verleiten sie doch zum Mißbrauch für sensationelle Fähigkeiten wie Gedankenlesen, Wahrsagen, Hellsehen, psychogenetisches Durchdringen, Wunscherfüllung, Geistheilung, hypnotische Trance, Beeinflussung mit magischen Kräften und dergleichen mehr. Die verschiedenen *Sidhis* werden in acht Arten eingeteilt:

Anima: für die äußeren Augen unsichtbar machen
Mahima: den Körper beliebig ausdehnen
Garima: den Körper beliebig schwer machen
Laghima: den Körper beliebig leicht machen
Prapti: durch den bloßen Wunsch alles erreichen
Ischtwa: Ruhm und Ehre für sich erlangen
Prakayma: die Wünsche anderer erfüllen können
Waschitwa: andere unter seine Kontrolle und Einfluß bringen.

Ein wirklicher Mahatma aber, der zur höchsten Region Zugang hat, gewährt uns Vergebung, Befreiung und Einlaß ins Reich Gottes, und zwar bereits während dieses Lebens, vorausgesetzt natürlich, wir sind fest entschlossen, uns ihm zu ergeben und ihm mit liebevollem, aufrichtigem Herzen zu gehorchen *. Dies ist freilich eine recht schwierige Aufgabe für alle, die an das Diktat ihres eigenen Gemüts gewöhnt sind. Die flatterhafte Natur des ungeschulten und noch nicht gefestigten Gemüts aktzeptiert heute etwas und lehnt sich morgen wieder dagegen auf. Heilige wie Maulana Rumi gehen sogar so weit zu sagen:

> Komm, komm wieder und immer wieder, selbst wenn du tausendmal deinen Schwur gebrochen hast;
> denn in der schützenden Gnade eines Meisters gibt es immer einen Platz für dich.

Einen Schüler, der einmal sein eigen geworden ist, wird der Meister niemals verlassen, selbst wenn dieser ihn in Augenblicken der Prüfung und Verwirrung verläßt oder vom Pfad abgerät. Die Christuskraft in Jesus hat erklärt: 'Ich will dich nicht verlassen noch versäumen bis ans Ende der Welt'. Sein Gesetz der Liebe und Barmherzigkeit steht jedem einzelnen immerfort bei, auch wenn der Schüler den Prozeß der Selbstschulung dadurch hinauszögert, daß er seine Liebe abweist.

Die Quelle allen Friedens und aller Seligkeit liegt im Innern des Menschen jenseits des physischen Körpers. Wer keinen Frieden kennt, sollte seinem Selbst, seinem Gemüt und seiner Seele die angemessene Nahrung zukommen lassen. Das Wort oder Naam ist der wahre Tröster, der Zufriedenheit, Ruhe und Erlösung gewährt. 'Erlösung' sollte hier nicht entsprechend der gängigen Bedeutung als bloße Befreiung von der Sünde mißverstanden werden. Vielmehr bedeutet es die Befreiung vom Kreislauf der Geburten und Tode und die Vereini-

*Siehe auch Anhang II

56

gung der Seele mit dem Herrn - spirituelles Leben in alle Ewigkeit. Der Durchschnittsmensch macht die Erlösung zur Farce, und dasselbe gilt für verschiedene sektiererische Kreise. Die Gründer verschiedener religiöser Gruppen konnten nur jeweils die spirituellen Erfahrungen von den inneren Regionen, zu denen sie Zugang hatten, als Höhepunkt oder letztes Ziel der Erlösung und des ewigen Lebens beschreiben. Dem Heiligen aber stehen alle himmlischen Regionen offen, und er macht sein Wesen zuweilen in Gleichnissen verständlich. Deutlich erklärt er: 'Ich bin das Licht der Welt. Wer mir nachfolgt, wird nicht wandeln in der Finsternis, sondern wird das Licht des Lebens haben'. Ihm geht es demnach um die ewige Erlösung während der gegenwärtigen Lebensspanne und nicht erst nach dem Tode - denn wer weiß, was dann sein wird! Am Ende mag sich die Erlösung nach dem Tode als bloße Einbildung erweisen, und es ist nicht gut, das ganze Leben in einem Zustand fortwährender Erwartung zu verbringen. Wäre der Tod die Voraussetzung für die Erlösung, wäre sie nichts weiter als ein Wunschtraum der Phantasie. Ein wirklicher Heiliger entbindet die Seele im Hier und Jetzt von der Verkettung der Geburten und Tode. Er vertraut auf den 'Tod im Leben', d.h. auf die Befreiung während des Lebens, die in der spirituellen Sprache *Jivan-Mukti* genannt wird. So kann sich die Seele noch während der gegenwärtigen Lebensspanne mit dem Erhabenen verbinden, um am Ende, wenn die Lebensschnur durchtrennt wird, für immer im allmächtigen Gott aufzugehen.

Nach gängiger Auffassung kann die Erlösung erst nach dem physischen Tod erlangt werden. Auch ist wenig bekannt, daß der Begriff 'Tod' nicht nur den endgültigen Zerfall der Partikel, die den Körper bilden, bedeutet, wie wir im gewöhnlichen Sprachgebrauch annehmen, sondern auch das vorübergehende und freiwillige Zurückziehen der Geistesströme vom physischen Körper. Der Glaube, ein Mensch könne während seines ganzen Lebens weltlich gesinnt sein und beim Tode von einem Augenblick zum andern eine befreite Seele werden, ist absurd. Nur die moralisch und spirituell geschulten Ergebenen erlangen die Befreiung schon während des Lebens, so daß sie bereits im Leben den Tod, als letzten Feind des Menschen überwinden können. 'Ich lebe, doch nun nicht ich, sondern Christus lebt in mir', erklärte der heilige Paulus, und mein Meister pflegte zu sagen, daß 'ein *Pandit* im Leben auch nach seinem Tode ein Pandit bleibt'.

Die Karmas abzuwickeln und die Seele von all ihren Fesseln zu befreien, liegt nicht in der Macht irgendeines Politikers, Diplomaten, Staatsmannes oder Ministers oder gar irgendeiner Regierung. Sogar die *Avatare* (Inkarnationen der höheren Mächte) sind in dieser Hinsicht machtlos. Die Götter und Göttinnen (höher entwickelte Seelen) bedürfen ebenfalls der menschlichen Geburt, um das letzte Ziel erreichen zu können.

Noch nicht unter dem Schutz eines wahren Meisters oder *Sant Sat-Guru* stehende Seelen, haben noch die ganze Last des *Sanchit, Kriyaman* und *Pralabdh-Karma* zu tragen. Wer noch nicht in die Wissenschaft des Jenseits eingeführt ist, muß das Schicksal oder *Pralabdh-Karma* in voller Härte und ohne nennenswerte Erleichterungen erdulden. Das *Kriyaman* oder die Handlungen, die während des gegenwärtigen Lebens unter der Herrschaft des Gemüts begangen werden, müssen ausnahmslos und in vollem Umfange Frucht tragen. Dieses strenge und unerbittliche Gesetz besteht, ob man daran glaubt oder nicht. Das Gesetz des Karma kennt keine Ausnahme, sondern erfaßt erbarmungslos alle in der Tretmühle der Zeit.

> Alle unsere Handlungen, ob gut oder schlecht, werden vor sein- Gericht gebracht,
> Und nach unseren eigenen Handlungen werden wir emporgehoben oder in die Tiefe gestürzt.
> Jene, die sich mit dem Wort verbunden haben, werden von der Last befreit,

Und ihr Antlitz wird voll Glanz erstrahlen,
Nicht nur sie werden die Erlösung erlangen, o Nanak,
sondern viele werden mit ihnen die Freiheit finden.

So ist es von größter Bedeutung, einem Meister zu begegnen, der fähig ist, das andernfalls endlos sich drehende Rad der Karmas anzuhalten und uns vom magischen Einfluß unserer Handlungen zu befreien.

ANHANG I

DIE RECHTE LEBENSWEISE

Unsere alltägliche Lebensführung entscheidet weitgehend über unseren geistigen und physischen Zustand. Wir sollten daher bestrebt sein, unser Leben einfach und wahrhaftig zu gestalten, denn dies ist die Voraussetzung für die Suche nach dem Selbst und dem Überselbst. Auf diese Tatsache kann gar nicht genug Nachdruck gelegt werden, denn es heißt richtig:

> Die Wahrheit ist das höchste Gut, aber noch höher ist die wahrhaftige Lebensweise.

Ein einfaches Leben und eine hohe Denkart waren das Ideal unserer Vorväter, während wir uns heute nur noch selten mit solchen Prinzipien auseinandersetzen, auch wenn wir uns hin und wieder scheinbar dazu bekennen. So hochgesteckt das Ziel auch erscheinen mag, ist es doch der Mühe wert, es sich genau vor Augen zu führen und zu überlegen, mit welchen Mitteln es verwirklicht werden kann. Wir sollten bei allem, was wir tun, ein klares Ziel vor Augen haben, dessen Gesetzmäßigkeiten ergründen und uns die Methoden zu eigen machen, durch die wir es erreichen können; schließlich sollten wir in einer regelmäßigen Bestandsaufnahme prüfen, wie weit wir es auf dem eingeschlagenen Weg gebracht haben. Ein solches Streben setzt natürlich voraus, daß wir uns täglich mit ungeteilter Aufmerksamkeit ehrlich darum bemühen, denn nur so können wir einen echten Wandel in unserem Verhalten uns selbst und anderen gegenüber feststellen.

Woraus besteht das menschliche Leben? Der alternde Mensch blickt auf seine Lebenserfahrung und wendet sich, an der Welt müde geworden, der Analyse seines Lebens zu. Besteht es denn allein aus Es-

sen, Trinken, Schlafen, Kinder haben, aus Furcht, Kampf und Ver-
druß, aus Besitzstreben, selbst auf Kosten anderer? Besteht es darin,
daß man jene ausnutzt und sich unterwirft, die einem körperlich und
geistig unterlegen sind? Müssen wir unsere Tage damit verbringen,
unehrenhaft erworbene Güter zu genießen, mit dem Ergebnis, daß
wir letztlich einen erbärmlichen Tod sterben, voller Mitleid mit uns
selbst und unseren Angehörigen und Freunden, die hilflos zusehen
und um uns trauern? Und wie steht es mit den Dingen, die uns auf
Erden so gefesselt haben, mit Grund und Boden, unserem Haus, mit
Geld, Tieren und anderem Besitz, den wir verzweifelt zurücklassen
müssen? Ist es angesichts dieser handgreiflichen Erfahrungstatsachen
ratsam, das Anhäufen weltlicher Güter zum A und O unserer Existenz zu machen? Oder sollte man nicht etwas Höheres und Edleres
anstreben, etwas Beständiges, das uns sowohl hier als auch danach
von Nutzen ist?

Die Antwort ist einfach - der eigentliche Urquell allen Lebens, die eine allmächtige Kraft, die allein stark genug ist, uns aus der unerbittlichen Gebundenheit an Geburten, Tode und Karmas zu befreien - sie
ist das einzige, wonach zu streben sich lohnt, denn sie ist das höchste
Gut des Lebens.

Das höchste Ziel, von dem hier die Rede ist, können wir nicht einfach
erreichen, weil wir darum bitten oder es uns wünschen. Vielmehr
müssen wir jemanden finden, der uns bei unserem Streben helfen
kann. Es muß jemand sein, der selbst ans Ziel gelangt ist, der das
Reich Gottes gefunden hat und uns ebenfalls dazu verhelfen kann.
So wie Licht nur von einer Lichtquelle ausgehen kann, so kann Leben nur von der Quelle des Lebens kommen. Ein solcher Gefährte
wird uns ständig an unsere längst vergessene Heimat, an den verlorenen Garten Eden erinnern; er wird uns unsere Unzulänglichkeiten im
täglichen Leben bewußt machen und uns schließlich helfen, anstelle
unseres bisherigen oberflächlichen, sinnlosen Daseins ein äußerst ak-

tives Leben in wahrer Reinheit zu führen. Diese Welt ist ein Haus voller Rauch und Ruß, in dem wir uns notgedrungen hier und da schmutzig machen, wie sehr wir auch auf der Hut sind. So haben sich im Laufe der Zeit zahllose Flecken und Schmutzschichten unserem inneren Wesen eingeprägt, die wir unmöglich durch unsere eigenen unbeholfenen Bemühungen entfernen können. Wir alle werden durch die Antriebskraft unserer eigenen Natur gezwungen, unsere Rolle auf der Bühne des Lebens zu spielen und an sinnlosen Handlungen teilzunehmen. Ein großer Heiliger ist ein göttlicher Helfer, ob wir ihn nun als *Guru* (Lichtträger) oder *Sat-Guru* (eins mit der Wahrheit), als *Murshid-i-Kamil* (vollendeter Meister), als *Hadi* (Führer) oder einfach als Bruder, Freund oder Ratgeber bezeichnen.

Eine genauere Analyse würde ergeben, daß das Leben im wesentlichen von zwei Faktoren beherrscht wird; von *Ahar,* unserer Ernährungsweise, und von *Vihar,* dem Umgang mit unseren Mitmenschen und anderen Geschöpfen. In beiderlei Hinsicht treffen wir unsere Entscheidungen entweder in Übereinstimmung mit dem allgemeinen Brauch oder entsprechend den begrenzten Informationen, die wir aus Büchern oder aus anderen Quellen beziehen können. Aus der Summe dieser verschiedenen Einflüsse formt sich unsere individuelle Auffassung von Kultur und Zivilisation, die ihrerseits unser Denken und Empfinden beherrschen.

Eine allgemeine Formel, mit deren Hilfe das menschliche Leben physisch, geistig und spirituell in den Griff zu bekommen wäre, gibt es nicht. Um das Chaos in unserem Innern zu bewältigen, müssen wir bis in seine tiefsten Schichten vordringen und seine Bestandteile ausmachen. Es bedarf einer gründlichen Analyse, bis wir das Leben in seinem dreifachen Aspekt, dem physischen, intellektuellen und spirituellen, bewußt gestalten.

Ahar
oder die Ernährung

Die Ernährung spielt natürlich bei der Lösung des Lebensproblems eine wichtige Rolle. Die Natur zwingt uns, solange auf der Welt zu sein, bis die vom Schicksal festgelegte Lebensspanne abgelaufen ist, bzw. die uns für diese Frist zugewiesenen Karmas ausgeglichen sind. Hierin sind wir völlig machtlos. Die Natur lenkt, bevölkert und erhält diese Welt mit unsichtbarer Hand durch das Gesetz des Karmas. Vor diesem Hintergrund erscheint es umso notwendiger, uns vor gedankenlosen Eßgewohnheiten zu hüten. Da wir nicht ohne Nahrung auskommen können, sollten wir sie so auswählen, daß sie sich für unser spirituelles Streben nicht als schädlich erweist. Unsere Eßgewohnheiten sollten uns nicht in unnötige karmische Schulden stürzen, die mit ein wenig Umsicht vermeidbar wären.

Unsere Nahrung kommt aus der Erde, genauer gesagt aus Boden, Luft und Wasser. Nicht nur alle Geschöpfe, die sich bewegen, sind von Leben erfüllt, sondern auch die Pflanzenwelt. Die Tiere leben voneinander wie auch von statischen Geschöpfen, wie Gemüsen, Gräsern, Kräutern, Sträuchern und Bäumen. Wir schließen mit den Tieren, die sich von anderem Leben erhalten, Freundschaft und machen sie zu unseren Hausgenossen.
Unsere Ahnen waren sich der Tatsache bewußt, daß Menschen, Vögel und Tiere durch das universale karmische Gesetz miteinander verbunden sind. Im Geiste dieser brüderlichen Verbundenheit leisteten sie für sich und ihre Haustiere schwere Arbeit. Sie bestellten das Land und bauten Getreide, Gemüse und Früchte an, um für sich selbst, für das Vieh und die anderen Haustiere Nahrung zu produzieren. Im Laufe der Zeit wurden sie jedoch bequemer, so daß sie zunächst den Tieren ihre Milch raubten und schließlich auch noch ihr Fleich verzehrten.

Nach moralischen, sozialen und spirituellen Prinzipien ist es nicht erlaubt, irgendeinem Tier in Gottes Schöpfung nach dem Leben zu trachten. In Indien ist dieses Gebot als *Ahimsa* oder Gewaltlosigkeit gegenüber der ganzen lebendigen Schöpfung bekannt, was konsequenterweise eine vegetarische Ernährung verlangt. Wenn wir gründlich über die natürlichen und widernatürlichen Formen der Ernährung nachdenken, erlangen wir ein besseres Verständnis von den *Gunas*, den angeborenen Neigungen oder Triebkräften, die allen empfindenden Wesen eigen sind.

Die Nahrung, die von Weisen und Sehern bevorzugt wurde, läßt sich in Samen, Früchte, Getreide, Gemüse und Obst einteilen, und sie ist als *Satwik*- oder *Satoguni*-Nahrung geläufig, die zu Heiterkeit und Ausgeglichenheit führt. Die Heiligen und Einsiedler, die sich zu einem Leben der Meditation in einsame Höhlen und Hütten zurückzogen, haben immer *Kant* (Kartoffeln), *Zamikund* (Artischocken) und ähnliches bevorzugt, wie auch anderes Gemüse, das unter der Erde wächst, wie auch Rettich und Rüben. Darüber hinaus genossen sie *Phal* (Obst), das ihnen genügend Vitamine und organische Salze in ihren ursprünglichen Verbindungen lieferte und sie für ein Leben der Konzentration und Meditation tauglich machte. Während es einige dieser Nahrungsmittel in Fülle gab, mußten andere mühsam kultiviert werden. Getreide hingegen bildete die Hauptnahrung für die Bevölkerungsmehrheit.

Satwik oder die reine Nahrung aus Wurzelgemüse, Kartoffeln und Obst sowie Kuhmilch verlängert das Leben und heilt eine Reihe von Krankheiten und Leiden. Ihr Nutzen wurde inzwischen auch von der medizinischen Wissenschaft erkannt. Heute werden viele Medikamente aus Kräutern, Früchten und Körnern hergestellt, die sich als sehr wirksam erwiesen haben, und darüber hinaus zeigen natürliche Heilverfahren wie Sonnenbäder, See-, Moor- und andere Wasserbäder, Massagen, Physiotherapie, Chromotherapie und ähnliche Methoden wunderbare Erfolge. Eine *Satwik*-Ernährung und eine einfache Lebensweise kommen der Entfaltung höchster Kultur und Zivilisation zustatten. Wir müssen dabei im Auge behalten, daß die Nahrung für den Menschen geschaffen ist und nicht umgekehrt. Entsprechend sollten wir nicht leben, um zu essen, sondern essen, um zu leben. Wenn wir das befolgen, entwickeln wir Empfänglichkeit für die höheren Werte des Lebens - die ethischen und spirituellen Werte, welche die Grundlage für Selbsterkenntnis und Gotterkenntnis bilden.

Rajsik oder krafterzeugende Nahrung schließt neben der vegetarischen Kost in Maßen die Milch und deren Produkte wie Sahne, Butter, Butterschmalz von anderen Tieren als Kühen ein. Im alten Indien war der Milchgenuß weitgehend auf die Fürstenklasse beschränkt, da die Fürsten ein besonderes Maß an Kraft brauchten, um das rauhe, ungestüme, ungesittete Volk ohne feste Lebensgrundsätze unter Kontrolle zu halten. Das Melken des Milchviehs war erst gestattet, wenn das Jungtier zur Welt gebracht und gut versorgt war, und es wurde stets genügend Milch für das Kalb im Euter gelassen. Dem Menschen stand also nur der Überschuß der Milch zu und auch dies nur, wenn besondere Anforderungen an ihn gestellt wurden. Diese Regelung zielte darauf, die junge Zivilisation vor Degeneration zu bewahren. Auch die *Rishis* der alten Zeit, die ein zurückgezogenes Leben der Meditation führten, vertraten den eingeschränkten Milchgenuß und ließen für den Bedarf und die Aufzucht des tierischen Nachwuchses viel Milch in den Eutern.

Die überlieferte Sitte, nur den Überschuß der Milch zu gebrauchen, gibt es in manchen Dörfern Indiens bis auf den heutigen Tag. Im allgemeinen jedoch scheut sich der Mensch von heute in seiner zügellosen Machtgier nicht, unter dem Vorwand der sogenannten persönlichen Freiheit alle Gesetze der Natur zu mißachten. Er hat sich unglückseligerweise den Grundsatz zu eigen gemacht, demzufolge der

Stärkere überlebt, und er wird für diese unkluge Einstellung teuer bezahlen müssen.

Heute ist man nur noch darauf aus, so viel Milch wie nur möglich zu erwirtschaften, auch auf Kosten der Kälber. Mancherorts werden sie unmittelbar nach ihrer Geburt in kochendes Wasser geworfen, und man saugt aus den Eutern den letzten Tropfen Milch, damit man im Handelswettbewerb und Profitstreben Schritt halten kann. Dies wird dann stolz als hohes technisches Können und als Zivilisation bezeichnet. Unsere jungen Reformer von heute drängen der Menschheit solche Praktiken auf, statt Ackerbau und Viehzucht so zu verbessern, daß sie den drückenden Mangel, über den heute so viel geklagt wird, beseitigen.

Tamsik oder abstumpfende Nahrung sind Fleisch und Spirituosen, Knoblauch und jede andere, oben nicht genannte Kost, gleich ob sie natürlich oder chemisch behandelt, abgelagert oder frisch ist. Wer hemmungslos und uneingeschränkt alles ißt, der lebt, um zu essen, und ißt nicht nur, um zu leben. Sein Lebensziel ist der Genuß, und sein Motto lautet: "Iß, trink und sei fröhlich!" Solche Menschen stürzen sich kopfüber in die sogenannten Freuden des Lebens. Wenn sie auch nur mit ein wenig Konzentrationskraft gesegnet sind, setzen sie ihre ganze physische und geistige Kraft zur Verherrlichung ihres kleinen Ich, des egoistischen Gemüts, ein, und dies wird oft mit Zivilisation verwechselt. Die spirituellen Meister warnen dringend vor einer solchen Lebensweise, die dem Streben nach Erkenntnis und der letztlichen Befreiung der Seele von den Fesseln des Gemüts und der Materie im Wege steht.

Besonnene Menschen werden hier innehalten, um die tatsächliche Lage der Menschheit zu überdenken. Worauf können wir so stolz sein, daß es uns berechtigen würde, uns für die Krone der Schöpfung zu halten? Wohin treiben wir in unserer Gedankenlosigkeit? Stehen wir nicht am Rande eines fürchterlichen, ungeheuer tiefen Abgrundes, den wir jeden Augenblick hinunterstürzen können? Durch unser eigenes Verhalten haben wir uns leichtfertig der Rache der Natur ausgesetzt. Jeden Augenblick stehen wir vor der physischen und moralischen Selbstvernichtung, vor der wir nur bewahrt werden können, wenn wir mit Hilfe einer erwachten Seele oder eines spirituellen Meisters zu Einsicht und Umkehr gelangen.

Im Hinblick auf seine Ernährung scheint sich der Mensch die wilden Tiere des Dschungels zum Vorbild genommen zu haben. Er genießt nicht nur das Fleisch harmloser Tiere wie von Kuh und Ziege, Rotwild und Schaf, wie auch der unschuldigen Vögel in der Luft und der Fische im Wasser, sondern er vergreift sich auch an Menschenfleisch und Menschenblut, um seinen unersättlichen Hunger nach Gold und Reichtum zu befriedigen. Er ist seinen Weg der Selbstvergötterung, den er stolz Fortschritt nennt, noch nicht zu Ende gegangen. Es wäre ratsam, daß er über die Prinzipien nachdächte, denen zufolge die spirituellen Meister eine vegetarische Ernährung empfehlen. Zweifellos ist auch in Pflanzen ein latentes, empfindendes Leben vorhanden, wie die Wissenschaft inzwischen weltweit nachgewiesen hat. Da wir aber unsere Rolle auf der Weltbühne spielen müssen und deshalb gezwungen sind, uns zu ernähren und Leib und Seele zusammenzuhalten, sind wir auf das angewiesen, was die Erde hervorbringt.

Natürlich ist Leben im Gemüse, in Früchten und im Getreide vorhanden. Das Wesensmerkmal alles Lebendigen ist die Abfolge von Wachstum und Verfall, und dies weiß man nicht erst seit heute.

Das Naturgesetz, wonach Leben von Leben abhängig ist, gilt in der ganzen Schöpfung. Wie die Arten anderer Schöpfungsstufen erhält sich auch der Mensch von Nahrung, die Leben in sich hat. Deshalb erscheint es auf den ersten Blick fast so, als ob der Mensch sich in karmischer Hinsicht in der gleichen Lage befände wie die weniger hoch entwickelten Geschöpfe.

Die Natur * hat noch ein anderes Antriebsrad, das in dieser stofflichen Welt am Werk ist, nämlich das Gesetz der Evolution. Aus spiritueller Sicht besagt dieses Gesetz nicht etwa, daß sich im Laufe der Schöpfungsgeschichte eine Art aus der anderen entwickelt hat, sondern daß die Seelen auf ihrer Wanderung die verschiedenen Schöpfungsstufen durchlaufen und sich in zahllosen Arten inkarnieren, wobei sie jeweils von einer Schöpfungsstufe zur nächsthöheren fortschreiten. Die Stufe einer Art bestimmt sich dabei aus dem jeweiligen Verhältnis von Materie und Bewußtsein: der wachsenden Komplexität im stofflichen Aufbau eines Wesens entspricht ein höherer Grad an Bewußtsein, der wiederum seinen Wert ausmacht. Dementsprechend mehr oder weniger schwer ist auch das Vergehen eines Menschen nach dem karmischen Gesetz, wenn er andere Wesen tötet, sie zu seiner Nahrung töten läßt oder sie in anderer Weise mißbraucht. Die Ernährung spielt somit eine wesentliche Rolle bei der karmischen Verkettung des Menschen, und so ist es unumgänglich, hier die rechte Unterscheidung zu treffen und gewissenhaft darauf zu achten.

Jede Nahrung hat eine spezifische Wirkung auf den Menschen, die sich auf dem Weg zum höchsten Ziel, der Selbsterkenntnis und Gotterkenntnis, als hinderlich erweisen kann. Die folgenden Ausführungen werden zeigen, daß die darin erläuterte Gesetzmäßigkeit im allgemeinen mit unserem weltlichen Rechtsempfinden übereinstimmt.

*Die Gotteskraft offenbart sich in zwei polar entgegengesetzten Kräften: der "negativen" oder Schöpfungskraft, aus der die Vielheit der sichtbaren und unsichtbaren Schöpfung hervorgegangen ist, und der "positiven" Kraft, welche die Seelen wieder zu ihrer ursprünglichen Einheit mit Gott zurückzieht. Die negative Kraft ist die kontrollierende Kraft im Universum, die mit ihrem eigenen Gesetz die Schöpfung im Gleichgewicht hält. Der Begriff "Natur" ist hier in diesem Sinne zu verstehen.

Jede Nahrung hat eine spezifische Wirkung auf den Menschen, die sich auf dem Weg zum höchsten Ziel, der Selbsterkenntnis und Gotterkenntnis, als hinderlich erweisen kann. Die folgenden Ausführungen werden zeigen, daß die darin erläuterte Gesetzmäßigkeit im allgemeinen mit unserem weltlichen Rechtsempfinden übereinstimmt.

Alle Lebewesen setzen sich aus fünf Komponenten - den sogenannten *Tattwas* - zusammen, die als Erde, Wasser, Feuer, Luft und Äther definiert sind. Nur im Menschen sind alle fünf Komponenten vollkommen wirksam, und darum wird er allen anderen Geschöpfen in der langen Reihe von Arten vorangestellt und als Gott am nächsten stehend betrachtet. Mord an seinen Mitmenschen gilt als das schwerste Verbrechen, und es wird deshalb mit der Todesstrafe geahndet. Nach dem Menschen folgen die Vierfüßler, in denen vier *Tattwas* aktiv sind, während das fünfte, der Äther, nahezu fehlt oder nur in unbedeutender Menge vorhanden ist. Das mutwillige Töten eines Tieres zieht eine Strafe nach sich, die seinem jeweiligen Wert entspricht. Darauf folgen die Vögel mit drei aktiven Elementen, nämlich Wasser, Feuer und Luft und einem entsprechend niedrigeren Gattungswert. Noch geringer ist die Einschätzung von Geschöpfen mit nur zwei aktiven Elementen, nämlich Erde und Feuer, während die übrigen drei nur in ruhender oder latenter Form vorhanden sind, wie bei Reptilien, Würmern und Insekten, die wir gewöhnlich ohne die geringsten Skrupel und ungestraft töten und zertreten. Der geringste Wert wird den Wurzeln, Gemüsen und Früchten zuerkannt, in denen allein die Wasser-Komponente vorherrscht und die restlichen vier Elemente nur latent existieren. Somit ist die Kost aus Früchten und Pflanzen diejenige Nahrung, die den geringsten Schmerz verursacht und für den Menschen, der davon lebt, die geringste karmische Schuld bedeutet. Da er nicht ohne Nahrung leben kann, sollte er diese Kost wählen, die nur die niedrigste Schöpfungsart zerstört. Es ist aufschlußreich, was das Essener Johannes-Evangelium in diesem Zusammenhang zu sagen hat:

'Aber sie (die Jünger) antworteten ihm: "Wohin sollen wir gehen, Herr, denn mit dir sind die Worte des ewigen Lebens? Sag uns, welches sind die Sünden, die wir meiden müssen, damit wir niemals Krankheit sehen mögen"? Jesus antwortete: "Es geschehe nach eurem Glauben". Und er setzte sich in ihre Mitte und sprach: "Es ward den Alten gesagt: Ehre deinen himmlischen Vater und deine irdische Mutter und erfülle ihre Gebote, damit du lange lebest auf Erden. Und danach wurde dieses Gebot gegeben: Du sollst nicht töten, denn das Leben ist allen von Gott gegeben, und was Gott gegeben hat, soll der Mensch nicht wegnehmen, denn ich sage euch, wahrlich, von einer Mutter stammt alles, was auf der Erde lebt. Wer also tötet, der tötet seinen Bruder. Und von ihm wird die irdische Mutter sich abwenden und ihre erquickenden Brüste von ihm wegnehmen. Und er wird von ihren Engeln gemieden werden, und Satan wird in seinem Körper Wohnung nehmen. Und das Fleisch der geschlachteten Tiere in seinem Körper wird zu seinem eigenen Grab. Denn wahrlich, ich sage euch, der, welcher tötet, der tötet sich selbst, und wer das Fleisch der geschlachteten Tiere ißt, der ißt vom Körper des Todes... Und ihr Tod wird zu seinem Tode... Denn der Sünde Sold ist der Tod. Tötet nicht, noch eßt das Fleisch eurer unschuldigen Beute, damit ihr nicht Sklaven des Satans werdet. Denn das ist der Pfad des Leidens und er führt zum Tod. Aber tut den Willen Gottes, damit seine Engel euch dienen mögen auf dem Weg des Lebens. Befolgt daher die Worte Gottes: Seht, ich habe euch gegeben jegliches Kraut, welches Samen trägt, das sich überall auf der Erde befindet, und jeden Baum, in dessen Frucht der Same eines Baumes steckt. Dies soll zu eurer Speise sein; und auch jedem Tier auf der Erde und allen Vögeln in der Luft, und allem, was da kriecht auf der Erde, worin der Atem des Lebens ist, gebe ich jegliches grüne Kraut zur Speise. Auch die Milch von allem Getier, das sich bewegt und lebt auf der Erde, soll für eure Speise sein; ebenso wie ich das grüne Kraut ihnen gegeben habe, so gebe ich euch ihre Milch. Aber Fleisch und Blut, welches ihnen Leben gibt, sollt ihr nicht essen...". XXII

'Dann sagte ein anderer (Jünger): "Moses, der größte in Israel, erlaubte unseren Vorvätern, das Fleisch von reinen Tieren zu essen und verbot das Fleisch von unreinen Tieren. Warum verbietest du uns das Fleisch aller Tiere ? Welches Gesetz kommt von Gott, das von Moses oder das deine"?'

XXIII

'...Und Jesus fuhr fort: "Gott gebot euren Vorvätern: Ihr sollt nicht töten. Aber ihre Herzen waren verhärtet und sie töteten. Dann wünschte Moses, daß sie zumindest keine Menschen töten sollten, und er erlaubte ihnen, Tiere zu töten. Und dann wurde das Herz eurer Vorväter noch mehr verhärtet, und sie töteten Menschen und Tiere gleicherweise.

Aber ich sage euch: Tötet weder Menschen, noch Tiere, noch was ihr sonst zur Nahrung nehmt. Denn wenn ihr lebendige Speise nehmt, wird sie euch erquicken, wenn ihr aber eine Speise tötet, wird die tote Speise euch auch töten. Denn Leben kommt nur von Leben, und vom Tod kommt immer nur der Tod. Denn alles, was eure Speise tötet, das tötet auch euren Körper. Und alles, was euren Körper tötet, das tötet auch eure Seele. Und euer Körper wird so, wie eure Speise ist, genau wie euer Geist wird, wie eure Gedanken sind..."'.'

XXIV

'So esset immer von der Tafel Gottes: Die Früchte der Bäume, das Korn und die Gräser des Feldes, die Milch der Tiere und den Honig der Bienen. Denn alles darüber hinaus ist Satan und führt auf dem Weg der Sünde und Krankheiten zum Tode. Aber die Speise, die ihr von der überreichen Tafel Gottes nehmt, gibt eurem Körper Kraft und Jugend, und ihr werdet niemals Krankheit sehen...'.

XXV

71

Vihar
oder eine ethische Verhaltensweise

Eine wesentliche Aufgabe des Heiligen besteht darin, seine Schüler zu wahren Menschen zu formen. Sein erster und vornehmster Auftrag ist es, den Menschen für die höchste Erkenntnis der Seele und der Allseele zu öffnen. Dazu weist er den Wahrheitssucher an, Körper, Gemüt und Verstand zu reinigen, damit er zu einem vollkommenen und wahren Menschen wird und den gordischen Knoten zwischen Körper und Geist lösen kann. Ein geistig unreiner, stumpfer Mensch kann weder sich selbst, noch Gott erkennen. Nach welchen Grundsätzen sollte man also sein Handeln ausrichten? Dem Durchschnittsmenschen stehen nur bruchstückhafte Richtlinien zur Verfügung, die er aus Äußerungen religiöser Persönlichkeiten oder aus dem Studium der heiligen Schriften gewinnt. Dabei hat er im allgemeinen jedoch noch nicht einmal auf der Verstandesebene eine befriedigende ethische Lebensweise zu finden versucht, denn er nimmt sich meist nicht einmal die Zeit, dieser Frage nachzugehen. Möglicherweise hindern Engstirnigkeit und die Angst, Anhänger zu verlieren, die Geistlichkeit daran, die Aufmerksamkeit der Massen auf diesen Punkt zu lenken. Angesichts des überall herrschenden Materialismus betrachtet sie es womöglich als ein hoffnungsloses Unterfangen, ethische Ernährungsregeln aufzustellen. Doch gibt es immerhin einige, die aufgeschlossen genug sind, die östliche Literatur vorurteilsfrei zu studieren, wobei ihnen freilich die fremde Terminologie viele Schwierigkeiten bereitet.

Die Weisen - die *Rishis* und *Munis* der alten Zeit - haben die Frage nach dem Sinn des Lebens in aller Tiefe ergründet. Sie haben schließlich auf dieser Grundlage einen praktischen kulturellen Wegweiser für eine allgemein annehmbare Reform erstellt, der die Erkenntnis vom Selbst oder der Seele sowie das Erreichen der höchsten Wirklich-

72

keit einschloß. Sie begannen mit der methodischen Erforschung der *Gunas* (Kategorien karmischer Eindrücke), der Quelle karmischer Wechselwirkungen im menschlichen Geist. Diese *Gunas* wurden in die drei folgenden Gruppen eingeteilt:

1. *Satogun:* die höchste Handlungsweise, ein reines Leben in geistiger Ausgeglichenheit
2. *Rajogun:* der Mittelweg; ein Handeln des Gebens und Nehmens nach Art der Geschäftsleute
3. *Tamogun:* die niedrigste Handlungsweise, die nur auf Eigennutz ausgerichtet ist, ohne einen Gedanken an andere

Dieses Thema läßt sich anhand einiger Beispiele verdeutlichen, z.B. anhand der Frage des Dienens und Helfens:

1. X hat es sich im Leben zum Grundsatz gemacht, anderen zu dienen, erwartet jedoch für das, was er tut, keinerlei Gegenleistung. Seine Lebensregel lautet: Tu' Gutes und erwarte keinen Dank.
2. Y dient und hilft und erwartet, daß man ihn genauso behandelt. Es kommt auf diese Weise zu einer Art Austausch von Dienstleistungen, wie sie bei geschäftlichen Vereinbarungen auf dem Gebiet des Gebens und Nehmens oder des Tauschhandels üblich sind: Tu' anderen so, wie du willst, daß sie dir tun.
3. Z dient nicht und hilft auch niemandem, glaubt jedoch zugleich ein Anrecht zu Hilfe und Dienst von anderen zu haben, ohne sich dadurch in irgendeiner Weise verpflichtet zu fühlen.

Wie steht es nun mit der Frage der Nächstenliebe?

1. X gibt und vergißt und erwartet nichts dafür. Sein Grundsatz ist es, den Hilflosen und Bedürftigen selbstlos zu dienen.

2. Y gibt und erwartet für den guten Dienst, den er anderen erweist, einen Dank in irgendeiner Form.

3. Z nimmt nur Hilfe und Dienste an, wann immer er sie braucht, ohne sie je zu vergelten, selbst wenn jemand direkt vor seinen Augen in ärgster Not ist.

Diese Beispiele zeigen deutlich, daß

1. das Verhalten von X das beste, also *Satogun* ist. Seine guten Taten verdienen in den Augen aller den Lohn dieser Welt und den des Schöpfers.

2. Y empfängt jeweils sofort den Lohn für seine guten Taten, da er immer auf einem mehr oder weniger geschäftsmäßigen Ausgleich des Gebens und Nehmens besteht, so daß am Ende nichts mehr zu seinen Gunsten verbleibt.

3. Z dagegen belastet sich mit Schuld und Verpflichtungen, die ihn karmisch binden und ihn möglicherweise über viele Inkarnationen hin in den karmischen Kreislauf verwickeln.

Die Meister empfehlen daher stets, den ersten Weg einzuschlagen, jedoch unter keinen Umständen hinter die zweite Kategorie von *Rajogun* zurückzufallen. Nach diesen Kategorien kann sich jeder selbst einen Leitfaden für sein Leben bilden und seine Handlungsweise als Mitglied der sozialen Ordnung, der er angehört, ausrichten. Dabei sollte man im Auge behalten, daß eine ethische Lebensführung kein Selbstzweck ist, sondern ein Mittel, um den Zustand von *Neh-Karma* zu erreichen, bei dem Karmas (Handlungen) nicht nur ohne irgendwelche Bindung und ohne den Wunsch nach ihren Früchten, sondern als *Swadharm* - als Tun im Nichttun - ausgeführt werden. Ein solches Leben wird zu höchster innerer Entfaltung und zum Ursprung aller Liebe, allen Lebens und allen Lichts zurückführen, indem wir unser Sein haben, so wie der Fisch im Wasser lebt, ohne überhaupt zu wissen, was Wasser ist.

ANHANG II

EIN LEBEN DER SELBSTHINGABE

Das Problem von *Achar,* dem persönlichen Verhalten des Menschen als Einzelwesen, ist von höchster Bedeutung für seinen Fortschritt auf dem spirituellen Pfad. Liebender Glaube und vollkommene Hingabe an den Willen Gottes oder seines Auserwählten, des Gottmenschen, bilden die Grundlage für das Leben eines Wahrheitssuchenden.

Die Weisen und die heiligen Schriften legen nahe, zwar in der Welt zu leben, aber uns nicht an sie zu binden, sondern eine Haltung der Selbstverleugnung und der Loslösung von der Welt und allem, was weltlich ist, zu entwickeln. Wir sollten wie eine Lotosblume leben, deren Wurzeln im trüben Wasser schwimmen, während die Blüte sich weit nach oben ins Sonnenlicht erhebt; oder wie ein Schwan, der majestätisch auf dem Wasser, seiner natürlichen Heimat, schwimmt, und der sich doch jederzeit nach freiem Willen in die Luft schwingen kann.

Diese Art selbstloser innerer Abgeschiedenheit von der Umwelt und insbesondere vom eigenen Ich, dem Körper, dem Gemüt und der eigenen Gedankenwelt ist nur dann möglich, wenn man den eigenen Willen, sein Ego, dem Willen Gottes oder des Gottmenschen übergibt und unterordnet. Man handelt dann wie eine Marionette in den Händen des göttlichen Drahtziehers. Dies nennt man vollständige Unterwerfung, die still bittet: "Oh Herr, nicht mein, sondern dein Wille geschehe!" Eine solche Haltung trägt viel dazu bei, einen Menschen *Neh-Karma* zu machen. Denn während er ein durchaus aktives, tatkräftiges Leben führt, handelt er nun nicht mehr aus sich selbst, sondern führt nur den Willen seines göttlichen Vaters oder seines göttlichen Lehrers aus und sieht zugleich den ganzen göttlichen Plan vor sich. Als bewußtes Werkzeug in den unsichtbaren Händen des allmächtigen Gottes, die all sein Handeln lenken, ist er im Strom des Lebens fest in Gott verankert.

Selbsthingabe ist dann verwirklicht, wenn ein Mensch seinen Körper, seinen Besitz und seine Gefühls- und Gedankenwelt Gott oder Gottes Auserwähltem (d.h. Gott im Menschen) überantwortet. Eine solche Selbstentäußerung bedeutet jedoch keinesfalls den persönlichen Bankrott, wie manche glauben mögen. Gott und sein Auserwählter sind die Spender aller Dinge, und sie bedürfen nicht der Gaben, die sie ihren Kindern freimütig und in Fülle zu ihrem besten und rechtmäßigen Gebrauch gegeben haben. Unser Problem liegt jedoch darin, daß wir diese Dinge in unserer Unwissenheit als unser Eigentum betrachten, infolgedessen eine Haltung agressiven Besitzanspruchs einnehmen und sie mit redlichen und unredlichen Mitteln weiter zu mehren suchen, um sie dann eifersüchtig mit allen Kräften zu hüten. Wir binden uns so sehr an diese Gaben, daß wir darüber den großen Spender vergessen, worin der Ursprung der großen Täuschung liegt, der Wurzel all unseren Leidens. Zweifellos sind diese Dinge in unseren Besitz gegeben worden, aber sie wurden uns nur vorübergehend anvertraut, damit wir sie nach dem Willen des vollkommenen göttlichen Wohltäters benutzen. Da wir jedoch im Reich der Materie leben, sind wir mit all unserer weltlichen Klugheit nicht in der Lage, uns der Anziehungskraft materieller Eindrücke zu erwehren, und so erlauben wir ihnen, sich von Tag zu Tag ungehindert zu vermehren, bis sie eine steinerne Mauer um uns herum bilden. Wir verlieren unsere Unterscheidungskraft, werden der Wirklichkeit gegenüber blind, und identifizieren das Selbst in uns mit *Pind* und mit den *Pindi-manas* (dem Körper und den ihm verhafteten Gemütskräften). Unsere Sicht wird wie durch Scheuklappen eingeengt, und die weiße Strahlung der Ewigkeit dringt nur noch durch eine rauchgeschwärzte Brille an unser Auge.

76

Die Heiligen kommen mit der Botschaft der göttlichen Wahrheit und sie helfen uns, die unsere Sicht trübende und begrenzende Täuschung zu überwinden und die offenbarte Welt als ein wunderbares Werk Gottes zu betrachten. Sie geben uns eine Sicht, in der wir die Welt als eine Widerspiegelung Gottes erkennen, die von der Gotteskraft durchdrungen ist. Sie lassen uns auch erkennen, daß Körper, Gemüt und Besitz Gaben Gottes sind, die wir daher rein erhalten und in den Dienst des Vaters und seiner Schöpfung stellen sollten, so daß wir den göttlichen Willen erfüllen, der tief in die Urform unseres Wesens und unserer ganzen Existenz eingeprägt ist. Durch die fortwährende Trennung von der Wahrheit haben wir Gottes Willen im mächtigen Strudel der Welt vergessen und den Halt an der lebendigen Rettungsschnur im Innern, dem Licht und Klang Gottes, verloren. Die Heiligen raten uns, die Projektion unserer Seelenkräfte auf die Außenwelt umzukehren, sie auf die Wirklichkeit im Innern zu richten und dadurch die wahren Werte des Lebens zu verstehen; denn 'das Leben ist mehr denn das Fleisch (der Leib) und der Leib mehr als die Kleidung (weltlicher Besitz)'. Den relativen Rang dieser Werte richtig einzuschätzen, wird uns davor bewahren, sie für gedankenlose sinnliche Zerstreuung und eitle Selbstdarstellung zu mißbrauchen. Wenn wir erst in der Lage sind, uns über das Körperbewußtsein zu erheben, erkennen wir, was wir sind und wie wir unsere Gaben am besten in den Dienst Gottes stellen können, statt sie im egoistischen Genuß zu vergeuden oder als Mittel weltlicher Macht oder persönlichen Vorteils zu mißbrauchen. Dies war die große Lektion, die der Weise Ashtavakra dem König Janaka gab, nachdem er ihm eine praktische Erfahrung von der Wahrheit im Innern gewährt hatte. Wenn wir unsere egoistischen Bindungen und Wünsche aufgeben, macht uns das in Wahrheit nicht ärmer, sondern zieht noch mehr als zuvor die liebevollen Gaben des höchsten Vaters an, der mit Freuden sieht, wie sein so lange verlorener Sohn nun weiser geworden ist. Eine solche Unterwerfung des kleinen Ich mit seinem ganzem Beiwerk von Gemüt, Körper und Besitz um der Seele willen entspricht dem göttlichen Gesetz, wonach wir

Neh-Karma werden müssen, um das Ziel menschlichen Lebens zu verwirklichen.

Zum besseren Verständnis mag dieses Prinzip an einem Beispiel veranschaulicht werden:
Aus der Zeit Guru Arjans, des fünften Guru in der Nachfolge Guru Nanaks, wird uns von einem vorbildlichen Sikh namens Bhai Bhikari berichtet. Ein Schüler bat einmal Guru Arjan, ihn mit einem *Gurbhakta*, einem ergebenen Schüler, bekannt zu machen. So sandte ihn der Guru mit einem Brief zu Bhai Bhikari und forderte ihn auf, dort einige Tage zu verweilen. Bhikari empfing seinen Glaubensbruder sehr herzlich und bewirtete ihn nach bestem Vermögen. Am Tage seiner Ankunft nähte der Gastgeber ruhig an einem Stück Stoff, das wie eine Sargdecke aussah. Nachdem der Schüler einige glückliche Tage in seiner Gesellschaft verbracht hatte, wollte er sich von Bhikari verabschieden, der ihn jedoch bat, noch etwas länger zu bleiben und der bevorstehenden Hochzeit seines Sohnes beizuwohnen. Diese liebevolle Bitte konnte er ihm nicht abschlagen, und so kam der Hochzeitstag. Inmitten der Festlichkeiten blieb Bhikari gelassen wie zuvor. Der Schüler nahm wie alle anderen am Hochzeitszug teil, erlebte die glücklichen Brautleute und begleitete sie zurück in Bhikaris Haus. Aber wie es das Schicksal wollte, wurde Bhikaris einziger Sohn, der neuvermählte junge Mann, am folgenden Tag plötzlich krank und starb. Bhikari nahm still das Tuch heraus, das er einige Tage zuvor für diesen Zweck angefertigt hatte, hüllte den Leichnam seines Sohnes darin ein und brachte ihn zum Verbrennungsplatz, wo er die letzten Riten mit seinem gewohnten Gleichmut vollzog. Bhikaris unbeirrte und gefaßte Haltung in diesem wechselvollen Lebensdrama machte den Schüler stumm vor Staunen, denn er konnte in Bhikari keine Spur von Freude oder Leid entdecken, sondern nur vollkommene Ergebenheit in den Willen des Herrn, der ihm von Anfang an bekannt war und dem er, ohne die geringsten persönlichen Gefühle oder Empfindungen zu zeigen, gehorcht hatte.

78

Guru Nanak pflegte zu beten: 'Oh Herr, nicht mein Wille geschehe, sondern der deine'!

Ähnlich nannte sich der heilige Kabir einen Hund namens Moti und erklärte, daß alles, was er tat, in Wahrheit von seinem Herrn gelenkt würde, der die Leine in Händen hielt und ihn dorthin zog, wohin er ihn bringen wollte.

Christus betete stets: 'Dein Wille geschehe wie im Himmel, also auch auf Erden'. Mit den Worten 'Dein Wille geschehe' haben gleichermaßen, die Hindu-Mönche, Moslem-Darveshs und christlichen Priester immer ihre täglichen Gebete beschlossen, gefolgt von der Formel *Tata Astu* oder 'Amen - möge es so sein'.

Hierin sollte nur deutlich werden, daß wirkliche Schüler oder die Meister selbst sich nie eine eigene unabhängige, individuelle Existenz zuschreiben, die von der des Gottmenschen oder Gottes zu trennen ist. Solche Menschen kennen die Vergangenheit, Gegenwart und Zukunft wie ein offenes Buch und handeln immer in Übereinstimmung mit dem göttlichen Plan. Dies führt zwangsläufig zu dem Schluß, daß Gott jenen Seelen hilft, die seinen Willen tun. Aber das gilt nur für Menschen mit einem starken Glauben, während gewöhnliche Menschen, die auf der Sinnesebene leben, sich nicht damit herausreden können, sie seien bei ihrem Tun nicht selbst der Handelnde gewesen; denn sie werden durch das Gesetz regiert, wonach Gott denen hilft, die sich selbst helfen.

Selbsthingabe trägt entsprechend dem damit verbundenen Glauben ihre eigene, unmittelbare Frucht. Die wiederholte Erfahrung läßt uns allmählich ihren vollen Wert erkennen, sodaß wir rasch auf dem Pfad fortschreiten, bis wir jenen Grad erreichen, wo sich das Ich gänzlich im göttlichen Willen verliert - der Gipfel aller menschlichen Existenz. Liebendes Vertrauen zu der Gott innewohnenden Güte und vollständige Selbsthingabe an seinen Willen führen auf den hohen Pfad der Spiritualität, auf dem der Strebende sich nicht mehr aus eigener Kraft bemühen muß. Diese beiden Dinge bilden das Gehheimnis des 'Sesam-öffne-dich' oder des magischen Schlüssels, der die Pforten des Gottesreiches weit öffnet, das im Tempel des menschlichen Körpers verborgen liegt:

'Wisset ihr nicht, daß ihr Gottes Tempel seid und der Geist Gottes in euch wohnt'?

KARMA AUS VEDISCHER SICHT

Es gibt ein universales Gesetz, demzufolge jede Handlung die ihr entsprechende Reaktion nach sich zieht, und dieses Gesetz ist allgemein unter dem Begriff *Karma* bekannt. Alles, was wir in der Welt tun und erleben, hinterläßt einen Eindruck, *Sanskara,* in unserem Gemüt, und die Summe dieser unvorstellbaren Menge von Eindrücken legt sich wie eine Art Mikrofilm um die Seele. Zu gegebener Zeit tragen diese *Sanskara* Frucht, indem sie sich zu Wünschen verfestigen und uns etwas zu tun zwingen, von dem wir glauben, daß es uns die Erfüllung unserer Wünsche bringt. Handlungen, die unter dem unsere Sicht trübenden Einfluß der *Sanskara* begangen werden, führen jedoch entgegen unserem Wunsch zu Leid, da egoistische Taten eine entsprechend negative Reaktion auslösen. Je mehr wir uns mühen, das Ziel unserer Wünsche zu erreichen und glücklich zu sein, desto mehr werden wir leiden.

Nun gibt es auch Schicksalsschläge, die in keinerlei Beziehung zu unserem gegenwärtigen Leben zu stehen scheinen und von daher als ungerecht und willkürlich empfunden werden, wie etwa angeborene Behinderungen. Wenn es eine göttliche Gerechtigkeit gibt, dann lassen sich solche Leiden nur als Rückwirkungen von Handlungen erklären, die wir in einem früheren Leben begangen haben. Dharatrastra wurde blind geboren*. Er war durch seine hohe spirituelle Entwicklung fähig, den Werdegang seiner Seele einhundert Inkarnationen zurückzuverfolgen, aber in keinem dieser Lebensläufe konnte er die Ursache für seine Blindheit erkennen. Sein Meister Krishna befähigte ihn auf sein Drängen hin, bis in sein 107. Leben zurückzublicken, und hier konnte er sehen, daß er als Knabe ein Tier geblendet hatte

*Siehe Seite 11

und im gegenwärtigen Leben dafür bestraft wurde.

Der heilige Krishna erklärte, daß wir über zahllose Inkarnationen
hinweg solange von unseren eigenen Taten verfolgt werden, bis sie
durch ihre entsprechende Reaktion abgegolten sind.
Ganz ähnlich heißt es im 5. Buch Mose 7, 9:

> So sollst du nun wissen, daß der Herr, dein Gott, ein Gott ist,
> ein treuer Gott, der den Bund und die Barmherzigkeit hält de-
> nen, die ihn lieben und seine Gebote halten, in tausend Glieder;
> und vergilt denen, die ihn hassen, ins Angesicht, daß er sie um-
> bringe, und zögert nicht, daß er denen vergelte ins Angesicht,
> die ihn hassen.

Auch das 2. Buch Mose verdeutlicht im 21. Kapitel, Vers 23 - 25 das
karmische Gesetz der Vergeltung:

> Wenn ein Schaden entsteht, dann mußt du geben Leben um Le-
> ben, Auge um Auge, Zahn um Zahn, Hand um Hand, Fuß um
> Fuß, Brandmal um Brandmal, Wunde um Wunde, Strieme um
> Strieme.

Hier wird deutlich, daß Gottes Gerechtigkeit mit der genau unserer
Taten entsprechenden Strafe vergilt, ohne eine Chance, sich ihr zu
entziehen. Wer anderen Leid zufügt, wird selbst leiden; wer andere
haßt, wird selbst gehaßt.
Das karmische Gesetz vernichtet 'die Lebewesen', wie es bei Moses
heißt, was nichts anderes bedeutet, als daß es sie dem Kreislauf fort-
gesetzter Geburten und Tode unterwirft. Die Seele ist unverweslich
und unsterblich, ein Teil von Gott und ihm zum Ebenbild geschaff-
fen, muß jedoch unter dem Eindruck ihres eigenen Handelns in zahllosen sterblichen Körpern leben und - in der Täuschung physischer
Existenz - die Sterblichkeit erleiden.

82

Jesus Christus lehrte dasselbe ewige Gesetz Gottes.
Bei Matthäus 5,18 heißt es:

> Denn wahrlich, ich sage euch: bis der Himmel und die Erde ver-
> gehen, wird nicht ein einziges Jota oder ein einziges Häkchen
> vom Gesetz vergehen, bis alles geschehen ist.

Es ist also ein Irrtum anzunehmen, daß dieses ewig gültige Gesetz im
Christentum plötzlich anders lauten würde.
So fährt Matthäus 5, 19 fort:

> Wer daher eines von diesen kleinsten Geboten aufhebt und so
> die Menschen lehrt, der wird als Kleinster gelten im Himmel-
> reich; wer sich aber im Tun und Lehren an sie hält, wird als
> Großer gelten im Himmelreich. Denn ich sage euch, wenn eure
> Gerechtigkeit nicht viel vollkommener sein wird als die der
> Schriftgelehrten und Pharisäer, werdet ihr nicht hineinkommen
> ins Himmelreich.

Dieses karmische Gesetz ist ewig, und wer es bricht oder dagegen
lehrt, wird von Gott gerichtet. Wenn daher die Kirchen oder andere
ihre Lehre gegen dieses Gesetz richten, dann wenden sie sich damit
gegen die Lehre Jesu Christi. In ihrem Ursprung war die Lehre vom
Karma und von der Reinkarnation für die christlichen Gemeinden
selbstverständlich. Zu Jesu Zeit war die Auffassung, wonach jede
Seele eine Folge von Geburten durchquert, allgemein geläufig. Erst
im 6. Jahrhundert wurde die Lehre von der Wiedergeburt aufgegeben
und zur Ketzerlehre erklärt. Dies geschah wahrscheinlich nicht, wie
die meisten Theologen glauben, offiziell beim Konzil zu Konstantinopel im Jahre 553, sondern ging vielmehr auf einen persönlichen
Angriff des Kaisers Justinian zurück, der wiederum unter dem Einfluß seiner ehrgeizigen Frau stand. Sie soll ihre wenig ruhmreiche
Vergangenheit als Kurtisane durch die Hinrichtung von fünfhundert

ihrer "Kolleginnen" zu vertuschen gesucht haben. Um der Strafe für ihre Morde in künftigen Lebensläufen entsprechend dem Gesetz des Karma zu entgehen, veranlaßte sie, daß die ganze Lehre einfach abgeschafft wurde. Kaiser Justinian ließ die Lehre vom Karma in einer von ihm selbst einberufenen Synode - gegen den Protest des Papstes Vigilius -verdammen. Er stellte sich damit in direkten Widerspruch zur Lehre des Kirchenvaters Origines (185 - 253 n.Chr.), der die vorgeburtliche Existenz der Seele und ihre Abhängigkeit von früheren Handlungen ausdrücklich bejaht.

Obwohl das Protokoll des Konzils von Konstantinopel den Reinkarnations-Bann mit keinem Wort erwähnt, hat die Kirche diese Version unbeirrt aufrecht erhalten, um die Verdammung durch den hierzu nicht autorisierten Kaiser Justinian nachträglich zu legitimieren *.
Nach buddhistischer Auffassung sollte der Mensch den Zyklus der Reinkarnationen dazu nutzen, sein Karma durch gutes Handeln ständig zu verbessern und so zuletzt die *Boddhisatva*-Stufe zu erreichen. Auch der Koran kennt ein Gesetz des Karma - der gerechten Vergeltung aller Taten:

> Dies ist die Summe ihres Wissens. Siehe, dein Herr weiß sehr wohl, wer von seinem Wege abirrt, und er weiß sehr wohl, wer recht geleitet ist.
>
> Koran 53, 31

Gute Taten werden mit dem 'Himmel' belohnt, d.h. mit Freude und Glück, während schlechte Taten mit der 'Hölle' bestraft werden, d.h. durch Leid und Unglück. Diese Welt ist für den einen als der 'Himmel auf Erden', während der andere am selben Ort die 'Hölle durch-

*Referiert nach Holger Kersten, 'Jesus lived in India', Longmead, Shaftesbury, England, 1986, S. 215 f.

84

macht' - es bedarf dazu keines besonderen Ortes. Das einzige, was für die Seele wirklich von Nutzen ist und ihr ewige Freude bringt, besteht darin, *Neh-Karma* oder ein selbstlos Handelnder zu werden.

Auch der heilige Krishna erklärte seinem Schüler Arjuna, daß gute und schlechte Karmas die Seele gleichermaßen binden, wenn auch im einen Fall mit goldenen und im andern Fall mit eisernen Ketten. Nur ein Mensch, der sich ihm überantworte, könne gerettet werden. Die ursprüngliche Idee des Karma wird demnach in allen heiligen Schriften zum Ausdruck gebracht. Sie alle bezeugen dasselbe unwandelbare Gesetz Gottes, auch wenn es später jeweils durch die Religionen anders ausgelegt wurde.

Das Gesetz des Karma ist ewig, und es entspricht dem höchsten Gesetz Gottes, von dem der Psalmist sagt:

Das Gesetz des Herrn ist vollkommen und erquickt die Seele; das Zeugnis des Herrn ist gewiß und macht die Unverständigen weise.

Ps. 19, 8

Wir können vom Kreislauf der Wiedergeburten nur erlöst werden, wenn wir die Weisheit des Herrn akzeptieren. Weltliche Intelligenz ist eher ein Fluch als ein Segen, denn sie führt uns vom göttlichen Pfad fort und hält uns weiter an das Rad der Geburten und Tode gefesselt. Gottes ewiges Gesetz dient dazu, uns zu Gott zurückzuführen und uns zu erlösen.

Jede Handlung steht uns noch frei, solange wir sie nur zu tun wünschen; sobald sie aber ausgeführt ist, muß sie Frucht tragen: erfährt sie ihre Reaktion sofort, so ist sie damit ausgeglichen; wenn es dem Täter jedoch gelingt, sich ihren Folgen vorläufig zu entziehen, wird sie zum Eindruck einer vergangenen Tat. Sie wird dem Speicher der

85

zahllosen anderen früheren Taten hinzugefügt, die zu einem späteren Zeitpunkt Frucht tragen und die alle in unserer Seele "aufgezeichnet" sind. Aus diesem Speicher werden uns einige für ein bestimmtes Leben zugewiesen, die als *Pralabdha* oder Schicksal definiert sind. Schicksal ist das, was uns "geschickt" ist und an dem wir nichts ändern können, sondern das wir uns bestenfalls dadurch erträglicher machen können, daß wir es ohne Murren geduldig annehmen. Ändern können wir es nicht einmal durch unser gegenwärtiges Handeln, sondern höchstens seine Wirkung auf uns beeinflussen. Denken wir an ein Glas Wasser, in dem wir Salz auflösen. Ist das Salz erst einmal darin gelöst, können wir es nicht mehr ausscheiden. Es ist lediglich möglich, den Geschmack des Wassers dadurch zu verändern, daß wir entweder noch mehr Salz darin lösen oder aber Zucker oder andere Stoffe hinzufügen, die den Geschmack mildern. Bis zu diesem Grad ist es möglich, Einfluß auf das Schicksals-Karma auszuüben. Andere frühere Karmas bleiben dabei weiter in jenem Speicher und bilden die Grundlage für weitere Inkarnationen, nunmehr weiter angefüllt durch unser Handeln in der jetzigen Gegenwart. So dient das jeweilige gegenwärtige Leben dazu, daß ein Teil früherer Karmas aufgehen oder Frucht tragen kann, bildet aber zugleich mit seinem jeweiligen Handlungsspielraum die Grundlage für neue Karmas, ohne Hoffnung, daß auf dem Wege des Handelns - ohne höhere Hilfe -der Vorrat an Karmas für neue Inkarnationen jemals verringert, geschweige denn erschöpft wird.

Die an das Gemüt gebundene Seele zerstreut sich durch die Sinne und empfängt durch sie neue Eindrücke. Nur wenn sie sich nach innen wendet, nimmt sie für diese Zeitdauer keine neuen Eindrücke auf, und wenn sie mit den Offenbarungen Gottes verbunden ist, werden auch die gespeicherten Karmas nach und nach mit der offenbarten Gotteskraft "ausgewaschen". Das Maß der karmischen Verstrickung kann somit reduziert werden, wenn keine weiteren Eindrücke hinzugefügt oder sie zumindest in geringerer Zahl aufgenommen werden. Die Seele ist an die weltlichen Freuden gebunden, und sie kann davon nur losgelöst werden und sich nach innen wenden, wenn sie dort etwas Anziehenderes findet. Die äußeren Freuden haben eine starke Anziehungskraft, die nur durch die göttlichen Offenbarungen unter Kontrolle gebracht werden kann. Diese sind von weit größerer Kraft als die Attraktionen der Welt.

Nehmen wir an, ein Kind ist dabei, einen Lehmklumpen zu essen, dann wird es ihn freiwillig nur hergeben, wenn es stattdessen eine Süßigkeit bekommt. Genauso kann auch die Seele nur dann daran gewöhnt werden, sich nach innen zu wenden, wenn sie die göttlichen Offenbarungen erfährt. Ohne diese stärkere Anziehungskraft wird sie sich weiterhin im Äußeren zerstreuen.

Zwar offenbart sich Gott selbst der Seele, aber wir können diese Offenbarungen nur unter der Führung eines Heiligen erfahren, der selbst alle inneren Bereiche bis zur höchsten Stufe kennt. Nur er kann uns auf dem spirituellen Pfad Führung geben.

Die göttlichen Manifestationen im Innern lassen sich in drei Kategorien einteilen:
1. die des Lichts,
2. die des hörbaren Klangstroms und
3. die des Wortes oder des *Soma,* 'das Elixier oder die reine Seligkeit'.

Ein Heiliger hat alle drei Kategorien in Fülle erfahren, und er ist kompetent, sie auch anderen zu vermitteln.

Auch der Heilige kommt von selbst, d.h. wir können ihn nicht von uns aus finden oder erkennen. Er kommt und findet die Seele, wenn sie für den Pfad zu Gott bereit ist.

Im Rig Veda 1-121-4 heißt es:

Der Heilige offenbart sich der Seele, um ihr Freude zu geben. Der Heilige vermittelt der Seele verschiedene Offenbarungen des göttlichen Lichts. Diese Offenbarungen lösen uns von den weltlichen Attraktionen. Sie heben die Bindungen auf und damit alle Gefühle der Unterscheidung (d.h. nach angenehm und unangenehm, anziehend und abstoßend, usw.)

Die Veden sagen, daß ein Heiliger von sich aus zu uns kommt, und dies geschieht aufgrund unserer guten Karmas aus der Vergangenheit, die uns gleichsam das Siegel aufdrücken, und uns für die Initiation auserwählen, so wie Jesus sagte:

> Wirket Speise, nicht, die vergänglich ist, sondern die da bleibt in das ewige Leben, welche euch der Menschensohn geben wird; denn den hat Gott der Vater versiegelt.
>
> Joh. 6, 27

Die göttlichen Offenbarungen umfassen zwölf verschiedene Formen von Licht, die uns von den aufgezeichneten Eindrücken im Gemüt reinigen. Wenn ein Schüler Offenbarungen vom Licht hat und dadurch mehr und mehr im Innern ruht, gibt er die Neigung auf, im Äußeren Eindrücke anzusammeln.
Rig Veda 2-11-2 sagt deshalb:

> Der Heilige hat die Macht, Offenbarungen zu vermitteln, und er gewährt sie uns. Der mächtige Heilige gewährt uns die Offenbarungen des Lichts, damit wir Gott anbeten können. Vom hörbaren Klangstrom erfüllt, nimmt der Heilige die Hüllen von der Seele.

Auf diese Weise können wir mit seiner Hilfe in der Welt leben, ohne ständig weitere Eindrücke aufzunehmen. Das göttliche Licht bewahrt uns davor, den Speicher weiter anzufüllen, während weitere höhere

Offenbarungen ('Soma' oder das göttliche Elixier) auch die früheren aufgezeichneten Eindrücke nach und nach löschen. Die Seele wird aus der Versklavung durcf die *Sanskara* befreit und sie erlangt ihre ursprüngliche Größe als Teil des allmächtigen Gottes zurück. Dies ist somit die rechte Art der Gottesverehrung, und deshalb sagt Sant Kirpal Singh:

> Die Religion beginnt dort, wo die Philosophien der Welt enden.

Von Religion können wir also erst sprechen, wenn sich Gott im Innern offenbart - bis dahin praktizieren wir bestenfalls Philosophie. Die Theorie kann man lernen, Spiritualität kann man nur empfangen.

Das Schicksal läßt sich, wie oben erklärt, nicht ändern, sondern es muß sich erfüllen. Aber man kann vermeiden, dabei zugleich weitere neue Eindrücke anzuhäufen. Wenn wir also erfahren, daß die inneren Offenbarungen uns mehr anziehen und uns mit größerer Freude erfüllen, geben wir von selbst die Verstrickung in der Welt auf und ruhen stattdessen im inneren Punkt, in uns selbst.
Rig Veda 1-130-105 lautet:

> Von den göttlichen Manifestationen erfüllt, offenbart sich uns der Heilige in göttlichen Gestalten. Wie ein Träger hebt er uns empor. Er ist unser Beschützer und eins mit Gott und verbindet auch uns mit Gott. Er birgt in sich die unerschöpflichen göttlichen Manifestationen und offenbart sich dem Ergebenen im hörbaren Klangstrom.

Der Heilige ist vom göttlichen Licht und vom unaufhörlichen Klangstrom erfüllt. Er ist das fleischgewordene Wort, und so empfängt der Ergebene in seiner physischen Gegenwart dieselben Segnungen wie durch die Offenbarungen im Innern. Ein Heiliger ist somit das einzige Mittel, um uns von unserer materialistischen Denkart abzubringen und zum spirituellen Pfad zu wenden. Wenn ein Ergebener durch den hörbaren Klangstrom emporgezogen und davon ganz berauscht wird, verweilt die Seele im Innern, ohne länger von weltlichen Bindungen berührt zu werden. Der Klangstrom zieht die Seele nach innen und löst sie von den weltlichen Eindrücken. Der Klangstrom macht den Ergebenen immun gegen die Einflüsse der Umgebung. Indem er die Seele von den früheren Eindrücken reinigt, befreit er sie von der latenten Ursache für neue Wünsche und weltliche Neigungen und bewahrt sie somit davor, sich weiter zu verstricken. Auf diese Weise können wir die Früchte unseres Schicksals ernten, welcher Art sie auch sein mögen, ohne daß durch die damit verbundenen Empfindungen wie Freude, Leid, Liebe, Haß, Ärger, usw. die Seele zu neuen Handlungen und entsprechenden Eindrücken getrieben wird, die normalerweise das Rad des Lebens weiter endlos antreiben. Der Klangstrom führt dazu, daß wir alles, was uns begegnet, mit Gleichmut annehmen.

So finden wir im Rig Veda 1-117-9:

> Licht und Klang offenbaren sich dem Ergebenen in unterschiedlichen Formen und verbinden ihn mit der ursprünglichen Antriebskraft im Universum, mit Gott, wodurch die Eindrücke ihm Gemüt mit Hilfe der unzähligen, mächtigen Manifestation Gottes aufgehoben werden. Licht und Klang erfüllen die Wünsche und machen den Ergebenen frei.

Soma hat verschiedene Offenbarungsformen. Welche Art von Klängen oder von Lichtern dabei jeweils überwiegt, hängt davon ab, welchem Zweck die Offenbarung im einzelnen Fall dient. Einige Klänge haben die Eigenschaft, unsere Aufmerksamkeit von einer weltlichen Sache abzulenken, damit wir davor bewahrt werden, einen Fehler zu begehen, während andere Klänge uns nach innen ziehen. Die Offenbarungen des Trommelschlags und des Trompetenschalls zum Beispiel dienen dazu, uns vor weltlichen Bindungen zu bewahren, während der Klang der Flöte und der Laute wie auch andere Klänge im Innern offenbart werden, um die Seele über das Körperbewußtsein zu ziehen. Die verschiedenen Klänge helfen uns also jeweils auf der Stufe, auf der wir uns gerade befinden, indem sie uns vor ungünstigen Neigungen bewahren oder unseren Wunsch nach der inneren Seligkeit erfüllen. Auf diese Weise werden wir nach und nach wunschlos. Der Klang erfüllt demnach zugleich zwei Aufgaben, indem er einerseits unsere vorhandenen Wünsche unter Kontrolle bringt und zum anderen jene Eindrücke von der Seele auslöscht, welche die Ursache neuer Wünsche sind. Der Klang wirkt für die Seele wie eine Festung, in der sie vor dem Feind geschützt ist.

Rig Veda 1-118-8 erklärt, wie diese Manifestationen wirken:

> Beide Manifestationen dienen unserem Wohl und machen uns siegreich, indem sie unsere Wünsche erfüllen. Licht und Klang werden von unserer Seele aufgenommen, um uns ewiges Leben zu spenden. Sie lösen die Hüllen der Seele auf. Die zwei Beine (Offenbarungen Gottes in Licht und Klang) offenbaren sich uns.

Die göttlichen Offenbarungen dienen der Seele als Nahrung. Wenn sie von ihr aufgenommen werden, wird sie von allen Unreinheiten befreit. Die Seele ist ein Teil des allmächtigen Gottes, auch wenn sie sich unter dem Eindruck der sie verdunkelnden Hüllen bis zur Unkenntlichkeit verändert hat. Wenn sie jedoch davon reingewaschen ist, erlangt sie ihr ursprüngliches göttliches Bewußtsein zurück und erhebt sich vom Kreislauf der Wiedergeburten, um in das ewige Leben einzugehen. Die zwei verschiedenen Offenbarungen von Licht und Klang werden zuweilen als die zwei Arme Gottes bezeichnet, um damit zum Ausdruck zu bringen, daß Gott sein ganzes Werk als Schöpfer, Erhalter und Zerstörer des Universums mit ihrer Hilfe verrichtet. Zuweilen sprechen die Veden von ihnen auch als den zwei Beinen Gottes, weil sie Gottes Offenbarungen zu seinen Geschöpfen tragen. Gott wirkt durch diese Manifestationen und verändert damit den ganzen Menschen.

> Licht und Klang lösen uns von den Freuden, so wie wir von Träumen losgelöst sind. Indem sie uns von den Hüllen befreien, machen Licht und Klang uns tugendhaft.

Nach der Erfahrung von Licht und Klang im Innern wird der Strebende so von dieser inneren Freude erfüllt, daß er die äußeren Dinge nur noch wie in einem Traum an sich vorüberziehen läßt und ihnen nicht mehr Bedeutung beimißt als einem Traum. Die Seele wird sich nun ihrer tatsächlichen Identität bewußt und sammelt von selbst alle Tugenden in sich. Unbehindert durch die wechselnden Empfindungen des Gemüts kann sie entschlossen ihrem spirituellen Weg folgen. Je näher sie auf diesem Wege Gott kommt, desto vertrauensvoller läßt sie sich von Gottes Offenbarungen führen. Manche Menschen glauben, es sei ein Zeichen von Dummheit, sich nicht vom eigenen Verstand leiten zu lassen. Um wieviel vollkommener wird jedoch unsere Erkenntnis und unser Handeln sein, wenn sie von Gottes Allwissenheit inspiriert werden, statt von unserem kleinen, begrenzten Verstand!

Rig Veda 2-11-1 betont, daß diese Führung durch einen Heiligen vermittelt wird:

> Der Heilige, der vom Klang erfüllt ist und ihn auf andere ausstrahlt, beschützt mich. Er verleiht mir göttliche Tugenden, durch die göttlichen Manifestationen macht er mich wahrhaft fromm. Er, der von göttlicher Weisheit erfüllt ist, offenbart sich mir beständig.

Der Heilige wirkt durch unterschiedliche Offenbarungen. Er ist in Wahrheit das "fleischgewordene Wort"; er ist der Sohn Gottes. Er ist eins mit Gott und stets mit ihm verbunden. Gott spricht durch einen solchen Heiligen, so wie es bei Johannes 8, 28-29 heißt:

> Wenn ihr des Menschen Sohn erhöhen werdet, dann werdet ihr erkennen, daß ich es sei und nichts von mir selber tue, sondern wie mich mein Vater gelehrt hat, so rede ich. Und der mich gesandt hat, ist mit mir. Der Vater läßt mich nicht allein; denn ich tue allezeit, was ihm gefällt.

Wer mit Gott eins ist, wird beständig von Gott geführt. Genauso sagte auch der indische Mystiker Kabir, daß er durch das göttliche Wort stets mit Gott verbunden sei und Gott ihm durch diese verbindende Kraft alles eingebe.

Rig Veda 2-11-3 bringt zum Ausdruck:

> Der mächtige Heilige offenbart Licht, Klang und Wort. Der Heilige ist vom Licht, vom Klang und vom Wort erfüllt und er lebt in der Welt, um es anderen zu offenbaren.

Ein Heiliger trachtet nur danach, die Menschen zu Gott zurückzuführen. Er ist nicht nur selbst von allen Manifestationen Gottes erfüllt, sondern auch fähig, sie anderen Ergebenen zu gewähren. Ohne seine Barmherzigkeit offenbart sich Gott keiner Seele, so wie Jesus sagte: 'Ich bin der Weg, die Wahrheit und das Leben, niemand kommt zum Vater denn durch mich'(Joh. 14, 6). Dieselbe Aussage finden wir von allen Propheten oder Gottessöhnen der Vergangenheit bestätigt. Auch die Propheten des Alten Testaments erfüllen denselben Anspruch, wie etwa der Prophet Amos (3, 7) ganz ähnlich erklärt: 'Denn der Herr tut nichts, er offenbare denn sein Geheimnis den Propheten, seinen Knechten.

Durch die fortwährenden göttlichen Offenbarungen, die der Heilige gewährt, wird die Seele vollkommen, so wie es im Rig Veda 2-11-4 heißt:

'Er gewährt der Seele die göttlichen Offenbarungen, wodurch die Seele Vollkommenheit erlangt'.

Auf diese Weise erfüllt ein Heiliger seine Mission, die Seelen 'so vollkommen' zu machen, 'wie der Vater im Himmel vollkommen ist'.(Matth. 5, 48). Wenn die Seele ganz und gar von allen Eindrücken gereinigt ist, hat sie diese Vollkommenheit erreicht und ist genauso allbewußt wie Gott und wie der Meister, der sie zu dieser Stufe erhoben hat: 'Wenn der Jünger vollkommen ist, so ist er wie sein Meister'.(Luk. 6,40). Er kann dann wie Jesus Christus sagen: 'Ich und der Vater sind eins'. (Joh. 10, 30).

Der einzige, für die ganze Menschheit gemeinsame Weg, von der Knechtschaft des Karmas frei zu werden, besteht also darin, selbst die Offenbarungen Gottes zu empfangen. Bei einem Propheten zu sein und dennoch keine eigenen Offenbarungen im Innern zu empfangen, kann uns nicht helfen, wie auch Jesus sagte:

> Darum sage ich euch: alle Sünde und Lästerung wird dem Menschen vergeben, aber die Lästerung des Heiligen Geistes wird nicht vergeben werden. Und wer ein Wort gegen den Menschensohn sagt, dem wird vergeben werden; wer aber gegen den Heiligen Geist spricht, dem wird nicht vergeben werden in dieser noch in der zukünftigen Welt.
>
> (Matth. 12, 31-32).

Es wird somit deutlich, daß die inneren Offenbarungen von Gott das einzige Mittel sind, von Sünde frei zu werden. Das Matthäus-Evangelium gebraucht dafür, wie wir oben gesehen haben, den Begriff 'heiliger Geist', während das Lukas-Evangelium von den 'Engeln Gottes' spricht und Markus denjenigen vor der ewigen Ver-

dammnis warnt, der dagegen lästert (Mk. 2, 29). Wer die Notwendig-
keit der Meditation und der göttlichen Offenbarungen leugnet, sieht
sich demzufolge vor die 'ewige Verdammnis' gestellt, da er keinen
Ausweg aus der karmischen Verstrickung und dem Kreislauf der
Wiedergeburten findet.

Soami Divyanand

GLOSSARIUM

Abdullah	Schüler von Hazrat Mian Mir, einem großen Heiligen des Islam
Achar	persönliche Führung
Ahar	Diät, Ernährung
Ahimsa	Nichtverletzen, Gewaltlosigkeit
Akashbani	himmlische Musik, Naam, Wort
And	zweite Schöpfungsebene über der physischen; Astralebene
Anima	die Fähigkeit, für äußere Augen unsichtbar zu werden; eine der acht *sidhis*
Artha	wirtschaftliches und materielles Wohlergehen; eine der vier Bereiche menschlicher Aktivität
Ashramas	die vier Lebensstufen nach alter indischer Tradition
Ashtavakra	großer *Rishi* der alten Zeit
Atam Gunas	Attribute der Seele
Atman	Geist, Seele
Avatar	Inkarnation, Verkörperung des Göttlichen
Baba Farid	(1173 - 1265) ein Moslem-Heiliger
Baber	der erste Mogul-König Indiens
Bahisht	Paradies
Baikunth	Paradies
Bang-i-Asmani	himmlischer Klang, Wort
Bhagwat	eine der achtzehn Hindu-Puranas
Bhai Bhikari	ein den Sikh-Gurus Ergebener
Bhai Mani Singh	ein den Sikh-Gurus Ergebener
Bhajan	hören auf die innere himmlische Musik
Brahmand	Universum, das drei Ebenen enthält

Brahmanen	Priester, die höchste der vier Hindu-Kasten
Brahmacharya	die Praxis des Zölibats, auch erste der vier *Ashramas*, Stufe der Erziehung
Buddha	der Erwachte oder Erleuchtete, Seher des inneren Lichts; Titel, der Prinz Siddharta Gautama (583 - 463 v.Chr.) verliehen wurde; Begründer der buddhistischen Religion
Darvesh	Wort des Islam für Mystiker oder Gottmensch
Devas	Götter, göttliche Wesen
Dharitrashtra	König, blinder Herrscher des Mahabharata-Zeitalters
Dharma	moralische oder religiöse Grundlage, die das Universum erhält und stützt; Lebensprinzip; Gruppenkarma einer Gesellschaft oder Nation
Dharma-Kaya	Wesen des Universums mit dem Lebensprinzip pulsierender Körper
Dhyan	Meditation
Do Janma	zweimal geboren
Eraf	Fegefeuer
Fana-Fi-Sheikh	Selbstüberantwortung an den *Murshid* oder Meister
Gandharas	eine Klasse von Engeln
Garima	die Fähigkeit, den Körper nach Belieben schwer zu machen; eine der acht *sidhis*
Grehasta	Familienvater; eine der vier *ashramas*
Gunas	die drei Prinzipien: das Seiende, das feurig Aktive, das träge Dumpfe
Gurbani	Schrift der Sikh-Meister auch *Adi Granth*; im speziellen Sinne: das vom

	Meister offenbarte innere Wort *(Shabd)*
Gurbhakta	ein dem Guru Ergebener
Guru	spiritueller Lehrer oder Meister; buchstäblich: Zerstreuer der Dunkelheit oder Lichtträger
Guru Arjan	(1563 - 1606) fünfter Guru der Sikhs
Guru Gobind Singh	(1666 - 1708) zehnter Guru der Sikhs
Guru Nanak	(1469 - 1539) erster Guru der Sikhs
Hadi	Führer
Hazrat Mian Mir	ein Moslem-Mystiker, Zeitgenosse Guru Arjans
Hazoor Baba Sawan Singh	(1858 - 1948) spiritueller Meister des Licht- und Klangstroms; Meister von Sant Kirpal Singh
Humayun	König Babers Sohn
Ishtwa	die Kraft, allen Ruhm für sich zu erlangen
Jagat Guru	spiritueller Meister für alle Menschen (nicht nur für Angehörige einer Religion)
Jap Ji	Teil der Sikh-Schriften, von Guru Nanak verfaßt
Jiva	Seele, die von einem oder allen drei Körpern, dem physischen, astralen und kausalen, eingeschlossen ist
Jivan Mukat	befreite Seele
Jivan Mukti	Befreiung vom Zyklus der Geburten und Tode während des Lebens im physischen Körper; wahre Erlösung
Kabir	(1398 - 1518) großer Dichter-Heiliger, Zeitgenosse von Guru Nanak
Kalma, Kalam-i-Qadim	hörbarer Lebens- und Klangstrom, das Wort

Kama	Leidenschaft, Begehren; eine der vier Bereiche menschlicher Aktivität
Karam	Güte, Barmherzigkeit, Mitleid, Gnade
Karma-Rehat	Ausüben von Karmas in Übereinstimmung mit dem göttlichen Plan, im Tun tatenlos sein
Karma-Srira	karmische Hülle oder subtiler Körper
Kshatriya	Krieger oder Herrscher, zweite der vier Hindu-Kasten
Kinnars	eine Klasse von Engeln
Krishna	große Hindu-Inkarnation der alten Zeit, deren Lehren in der Bhagavad-Gita dargelegt sind
Kriyaman	Karmas, die einer im gegenwärtigen Erdenleben verrichtet und die seine Zukunft gestalten; willentliches Tun
Kukarmas	üble Taten
Kurvas	Teilnehmer an der großen Schlacht des *Mahabharata*
Laghima	Fähigkeit, seinen Körper nach Belieben leicht zu machen, eine der acht *sidhis*
Mahatma	große Seele
Mahima	Fähigkeit, seinen Körper nach Belieben auszudehnen, eine der acht *sidhis*
Maulana Rumi	(1207 - 1273) persischer Heiliger, Verfasser des *Masnavi*
Maya	Illusion, Täuschung
Moksha	Erlösung, Befreiung vom Zyklus der Geburten und Tode; eine der vier Bereiche menschlicher Aktivität
Muni	Weiser, Heiliger
Murshid, *Murshid-i-Kamil*	Moslem-Bezeichnung für einen spirituellen Meister oder vollendeten Führer

Naam	das Wort, Logos, Klangstrom, der schöpferische Aspekt Gottes, der waltender Gott
Nadir Shah	persischer König, dem das Blutbad von Delhi zuzuschreiben ist
Nashdesh	erniedrigende, nachteilige Karmas
Neh-Karma	Karmas, die in bewußter Übereinstimmung und Mitgestaltung am göttlichen Plan ausgeführt werden; tatenlos im Tun
Netya	erforderliche Karmas
Nish-Kama Karma	Handeln ohne Bindung und Wünsche
Pandit	Gelehrter der Hindu-Schriften
Pind	physisches Universum, physischer Körper; der niedrigste und der am wenigsten spirituelle Bereich in der Schöpfung
Pindi Manas	ein dem Körper verhaftetes Gemüt
Prakayma	Fähigkeit, anderen Wünsche zu erfüllen, eine der acht *sidhis*
Prakritis	die fünfundzwanzig Offenbarungen der Natur
Pralabdh	Geschick, Schicksal, Bestimmung; Karma, welches das gegenwärtige Leben verursacht und bestimmt und vor dem Tode abgetragen werden muß
Prapti	Fähigkeit, alles nach Belieben durch bloßes Wünschen zu erlangen, eine der acht *sidhis*
Prashchit	Reue
Puranas	Hindu-Schriften
Raja Janaka	großer Heiliger, König der alten Zeit
Raja Prigshat	Hindu-König der alten Zeit
Rajas Gunas, Rajogun	eine der drei *gunas*: die

	Eigenschaft der Aktivität; der mittlere Weg; geschäftsmäßige Art im Geben und Nehmen
Rajsik	gehört zu *rajas guna*; angewandt auf die Ernährung; Energie-Erzeugung
Rama	eine Gottheit
Rama, Lord	ihre menschliche -Inkarnation und Held des *Ramayana*
Ram Charitra Mansa	Hindi *Ramayana* von Tulsi Das (16. Jh.)
Ridhis	übernatürliche Kräfte
Sadh, Sadhu	entwickelte Seele; Heiliger; allgemein Wandermönch
Sadhan	spirituelle,mentale und körperliche Übung
Sakya Muni	einer der Ehrentitel Lord Buddhas
Sanchit	aufgespeicherte Karmas
Sant	Heiliger; eins mit Gott
Sant Satguru, Satguru	Vollendeter Meister, Gottmensch
Sanyas	eine der vier *ashramas*, die Stufe eines spirituellen Pilgers
Saroop	Form
Satsang	Vortrag eines vollendeten Meisters, Zusammenkunft, die von einem solchen Meister oder seinem Repräsentanten geleitet wird; Verbindung mit einem Meister auf der äußeren oder den inneren Ebenen; buchstäblich: Gemeinschaft mit der Wahrheit
Satsangi	Schüler eines vollendeten Meisters
Satva Guna, Satogun	eines der drei *gunas* oder Prinzipien, ein reines Leben in geistiger Ausgeglichenheit
Satvic	gehört zu *satogun*, harmonisch, ruhig;

	auf die Ernährung bezogen: Nahrung, die Harmonie und Ruhe bewirkt, d.h. streng vegetarische Nahrung
Saudhyaya	Lesen heiliger Schriften
Sidhis	die acht übernatürlichen Yogakräfte
Simram	Gedenken, Wiederholung der Namen Gottes
Sudras	die unterste der vier Hindu-Kasten; Arbeiter, Diener der drei höheren
Sukama	gute Wünsche
Sukarmas	förderliche Karmas
Surat	Aufmerksamkeit, der Ausdruck der Seele
Surat Shabd Yoga	Vertiefung in das heilige Wort oder den heiligen Klang; die spirituelle Praxis des Einswerdens mit dem Absoluten durch Vereinigung *(Yoga)* der Seelenkraft *(Surat)* mit der Kraft Gottes *(Shabd, Naam* oder dem Wort)
Swadharm	Tätigkeit in der Untätigkeit
Swami Ram Tirtha	indischer Heiliger
Swarg	Paradies
Tamas Guna, Tamogun	eine der drei *gunas* oder Prinzipien; Trägheit oder Stumpfheit, niedriger Weg, ein Leben für egoistische Ziele, ohne Gedanken an andere
Tamsik	gehört zu *tamas gunas:* träge, stumpf; auf die Ernährung bezogen: Nahrung, die Trägheit unterstützt und niederdrückt oder die Seele abstumpft, wie Fleisch, Fisch, Eier, Alkohol
Tapas	Bußübung, Askese
Tatha Astu	"Möge es so sein"; Amen, Abschluß

102

	des Gebets in Indien
Tatwas	Schöpfungskomponente wie Erde, Wasser, Feuer, Luft, Äther
Upas	legendärer Baum der vielfältigen Wünsche
Vairagya	Loslösung
Vaishyas	dritte der vier Hindu-Kasten, die Handel und Landwirtschaft betreibt
Vanprastha	Asket, Einsiedler, eine der vier *ashramas*
Varns	die vier Hindu-Kasten
Vashitwa	Fähigkeit, andere unter seinen Einfluß und sein Kontrolle zu bringen; eine der acht *sidhis*
Veden	heiliges Wissen; die vier heiligen Hindu-Schriften
Vihar	Verhalten, Lebensführung
Vikarmas	verbotene Handlungen
Yajna	große Seele
Yakshas	Kategorie von Engeln
Yama	Todesengel, die Gottheit Tod

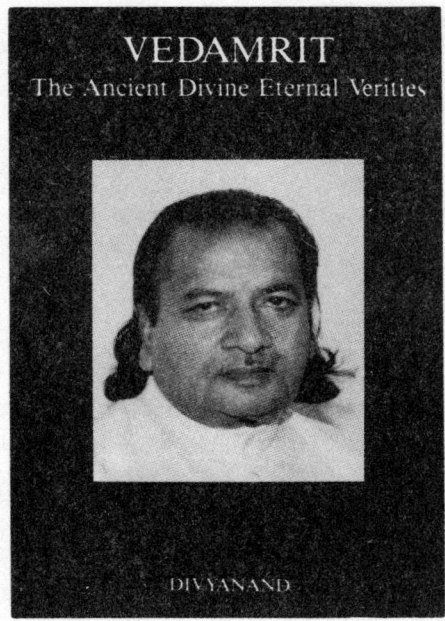

Soami Divyanand
VEDAMRIT
Die Botschaft der Veden

278 Seiten, kartoniert
ISBN 3-926696-00-1

Preis: DM 24.90

Zu beziehen durch Ihren
Buchhändler oder von
SANDILA GmbH, Verlag
und Versand, Sägestr. 37,
7881 Herrischried
Tel.: 07764/334

VEDAMRIT (Das Elixier des Veda) ist eine vollständige Übersetzung mit Kommentar zu den Veden, dem ältesten Dokument östlicher Religionen.

Soami Divyanands Übersetzungen beruhen nicht auf blinder Spekulation oder trockener Gelehrsamkeit. Sie folgen jener inneren Logik, die in der praktischen Wissenschaft der Spiritualität begründet ist. Jedes Prinzip, das die Veden beschreiben, ist von großer Bedeutung im täglichen Leben des Menschen, was jeder Vers zum Ausdruck bringt.

Übersetzung und Kommentar werden von Verweisen auf Bibelstellen ergänzt, so daß der Leser selbst beurteilen kann, ob die Offenbarungen aus verschiedenen Zeitaltern und Religionen eine gemeinsame, unwandelbare Bedeutung vermitteln oder nicht. Das Buch verfolgt somit keinen Selbstzweck, sondern dient dem Bemühen, das universale Wesen der Religionen aufzuzeigen.

Inge Schedlbauer
Vegetarisches Kochbuch
680 Rezepte aus Getreide,
Mich-und Sojaprodukten,
Gemüse und Früchten

4.verb.Auflage 1986
427 Seiten, dekorativer,
abwaschbarer Einband
ISBN 3-925289-00-3
Preis: DM 25.-

Zu beziehen durch Ihren
Buchhändler oder direkt
von Sandila GmbH, Verlag
und Versand, Sägestr. 37,
7881 Herrrischried, Tel.
07764/334

Der Vegetarismus ist heute so aktuell wie nie zuvor: Vegetarische Re-
staurants schießen wie die Pilze aus dem Boden; Menschen, die den
Fleischverzehr ablehnen, werden kaum noch schief angesehen.
In Teamarbeit hat Inge Schedlbauer ein vegetarisches Kochbuch zu-
sammengestellt, das in Art und Umfang einmalig sein dürfte. In
nicht weniger als 680 Rezepten finden Sie von schmackhaften Salaten
bis zum feinsten eilosen Gebäck, von kräftiger Hausmannskost bis
zu exotisch-ausgefallenen Speisen eine Vielfalt, wie sie die herkömm-
liche Mischkost nicht zu bieten hat.
Für den Anfänger besonders hilfreich: Einfache Rezepte wurden mit
besonders ausführlicher Kochanleitung beschrieben und extra ge-
kennzeichnet.
Eine Liste mit ausgefalleneren Produkten (z.B. bestimmte Gewürze,
usw.) mit ihren jeweiligen Bezugsquellen wird Ihnen den Einkauf erleichtern.

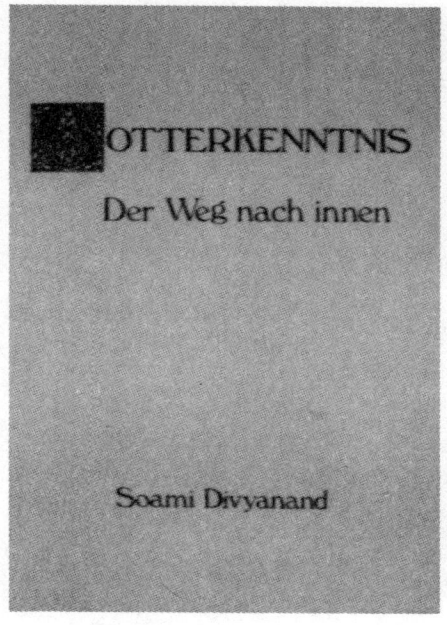

OTTERKENNTNIS

Der Weg nach innen

Soami Divyanand

Soami Divyanand
Gotterkenntnis
Der Weg nach innen

58 Seiten, kartoniert
1 Illustration
ISBN 3-925289-01-1

Preis: DM 8.-

Zu beziehen durch Ihren
Buchhändler oder direkt
von SANDILA GmbH,
Verlag und Versand,
Sägestr. 37,
D-7881 Herrischried,
Tel.: 07764/334

Obgleich Gott unbegrenzt ist, so lautet die Botschaft dieses Büchleins, kann der begrenzte Mensch ihn erkennen. Dies ist jedoch keine Erkenntnis des Intellekts, sondern eine der spirituellen Erfahrung. Die heiligen Schriften aller großen Religionen bezeugen, daß Gott sich in den Mystikern in inneren Visionen von strahlender Schönheit und in der 'Spährenmusik' - dem inneren Klang - offenbart. Die Seele ist Geist, und der Mensch kann diese Erfahrung machen und mit der Gotteskraft in sich in Verbindung kommen. In dieser inneren Schau wird er sich seines eigentlichen Wesens und seiner Einheit mit der Gotteskraft bewußt. Er wird von den Wünschen und Bindungen des Gemüts frei. Im Innern erfährt er eine solche Befriedigung, daß er inmitten dieser Welt mit ihrer täglichen Anspannung zufrieden lebt.

Sant Kirpal
Yog Sadhna Ashram

Soami Divyanand
Der Pfad des Meisters
Meditation des Licht und Tonstroms

Soami Divyanand
Der Pfad des Meisters
Meditation des Licht-
und Tonstroms

Taschenbuch, 192 Seiten
ISBN 3-88755-001-3

Preis: DM 14.-

Zu beziehen durch Ihren
Buchhändler oder direkt
von SANDILA GmbH,
Verlag und Versand
Sägestr. 37,
D-7881 Herrischried
Tel.: 07764/334

Meditation ist ein Schlagwort unserer Zeit, und doch wissen die wenigsten, was Meditation bedeutet. Körperliche Entspannung und Konzentrationsübungen sind nur Vorstufen zur Meditation. Erst wenn Gedanken, Gefühle und körperliche Empfindungen schweigen, kann unsere Seele subtile Offenbarungen von Gott empfangen. Mit dem geistigen Auge, das sich in der Stirn verbirgt, sieht der Schüler das strahlende Licht Gottes in vielfältigen Farben und Formen, und mit dem geistigen Gehör vernimmt er den Tonstrom, der so berauschend ist, daß er die Seele ganz über das Körperbewußtsein erhebt. Dies ist der Pfad der Meister, den schon Christus lehrte und andere Gottessöhne vor und nach ihm. Dieselbe Verbindung mit dem Licht- und Tonstrom im Innern - den Manifestationen Gottes - erhalten wahre Sucher von einem Meister, der mit diesem Auftrag als Mensch unter uns lebt.